젊은 멘토들의 직장생활 성공 노하우 20

해봤어?

젊은 멘토들의 직장생활 성공노하우 20
해봤어?

초판 1쇄 인쇄 2011년 1월 15일
초판 1쇄 발행 2011년 1월 20일

지은이 이국명 | **펴낸이** 이방원

편집 김명희 · 안효희 · 채지민 | **디자인** 황은경 | **마케팅** 최성수

펴낸곳 세창미디어 | **출판신고** 1998년 1월 12일 제300-1998-3호
주소 120-050 서울시 서대문구 냉천동 182 냉천빌딩 4층
전화 723-8660 | **팩스** 720-4579
이메일 sc1992@empal.com
홈페이지 http://www.scpc.co.kr

ISBN 978-89-5586-120-4 13320
ⓒ이국명, 세창미디어, 2011

값 15,000원

잘못 만들어진 책은 바꾸어 드립니다.

젊은 멘토들의 직장생활 성공노하우 20 해봤어? / 이국명 지음.
— 서울 : 세창미디어, 2011
　　p. ;　cm

ISBN 978-89-5586-120-4　13320 : ₩15,000

직장 생활 [職場生活]
성공법 [成功法]

325.211-KDC5
650.1-DDC21　　　　　　　　　　　　　　CIP2011000185

해봤어?

이국명 지음

자기계발서 전성시대다. 책뿐만 아니라 TV, 신문 등 다양한 매체에서 '도전', '성공'의 두 키워드는 항상 접하게 된다. 그만큼 직장 생활이 어려워지고 있고 성공을 꿈꾸기는 더욱 힘든 시대이기 때문이다. 이럴 때 사람들은 멘토를 찾는다. 직장 상사가 될 수도 있고, 대학 선배가 될 수도 있고, 사회에서 알게 된 어느 회사의 CEO가 될 수도 있다. 이 책은 저자가 기자 생활을 통해 인터뷰했던 20명의 '멘토'들의 생생한 도전과 응전, 실패와 성공에 대해 들려준다. '누군가'가 아닌, 이 책을 '멘토'로 두면 어떨까?

책을 받고 단숨에 읽어 내려갔다. 한국에서 선정한 20명의 멘토들이 스토리텔링 형식으로 풀어낸 20개의 이야기가 함께 있다. 세계사의 어느 장면, 위인들의 일화, 그리고 동서 고전에서 찾아온 다양한 이야기를 '성공 노하우'와 함께 풀이하고 있어 문학서적을 읽듯이 책의 몰입도를 높여준다. 이러한 동서고금 역사 속에서 찾아낸 다양한 일화는 '덤'이다. 그래서 이 책은 '성공서'이지만, '결말'이 있는 문학 서적 같은 느낌이다. 일화와 멘토들의 메시지가 기승전결을 이루고 있다. 저자는 20명의 멘토들을 통해 자신이 하고 싶은 얘기를 담고 있다. 도전과 열정,

그리고 근성은 성공의 중요한 도구이다. 그러나 이 요소들은 자신을 더욱 행복하게 만드는 길이기도 하다. 이 책을 통해 성공과 행복한 삶을 함께 꿈꿔보자.

[취업포털 잡코리아 대표이사 김화수]

런던 비즈니스 스쿨의 도널드 설 교수는 활동적 타성이란 말로, 시장 상황이 극적으로 변함에도 불구하고 오히려 과거에 했던 활동만을 더욱 열심히 하려는 기업의 일반적 성향에 대해 경고한다. 활동적 타성이란, 요컨대 '부지런한 멍청함'이다. 이 책은 현실 속에 살아 숨 쉬는 성공 직장인들의 노하우를 깔끔하게 정리해서 보여준다. 그래서 '똑똑하게 부지런할 수 있도록' 제대로 된 성공비결을 제시한다. 성공을 원하기만 하고 어떤 노력을 해야 할지 몰랐던 사람들, 그리고 노력은 했으나 그 방향이 잘못되었던 사람들에게, 그래서 이 책은 유용하다. 또한 이 책은 무겁지 않다. 그들의 성공이 거창하고 거대하지 않기에 그 비결은 손에 잡힐 듯 생생하게, 그리고 친근하게 다가온다. 이 책의 또 다른 미덕이다. 신입사원에게는 직장생활의 금과옥조를, 중견간부에게는 새로운 열정의 불씨를 가져다줄 책. 활동적 타성에 빠진 건 아닌지, 나태와 무력감에 빠진 건 아닌지, 뜬금없는 교만과 자만에 빠진 건 아닌지, 치열하게 살고자 했지만 후회가 많은 대한민국 직장인들의 일독을 강력히 추천한다.

[행복한 성공파트너 ㈜휴넷 대표이사 조영탁]

직장인들 누구나 회사 생활을 하면서 고민이 생기게 마련입니다. 고민은 스스로 풀어나가는 것이지만, 그 과정 중에 신뢰할 만한 누군가의 조언을 얻는 것은 매우 유용합니다. 하지만, 조언자를 구하기도 쉽지 않죠? 그러면, 이 책을 가볍게 읽어보시면 어떨까요? 다양한 방면의 다양한 경험을 가진, 나름 직장에서 자리를 잡은 분들의 의미 있는 조언들. 독자들의 지인만큼은 아니겠지만, 의외로 진주 같은 조언을 발견할 수도 있을 테니까요.

[본엔젤스 벤처파트너스 대표 장병규]

직장에서 신입에서부터 성공까지, 실제 사례로 배우는 탁월한 20가지 노하우를 명쾌한 필치로 제시하는 필독서다.

[취업포털 커리어 대표이사 사장 강석인]

좋아하는 영화 중에 '사랑의 블랙홀'이라는 코미디가 있습니다. 대학교 3학년 때 처음 이 영화를 본 것으로 기억하는데 마음이 울적하거나 누군가의 위로가 필요할 때 가끔씩 이 영화가 생각나곤 하죠. 이 때문인지 웬만해선 같은 영화를 한 번 이상 보지 않는데도 이 영화만큼은 무려 10번이나 본 듯합니다. 거의 20년이나 지난 영화인데도 지금 봐도 촌스럽다는 생각보다는 마음이 따뜻해지는 것을 느낄 수 있답니다.

영화의 내용은 간단합니다. 자기중심적이고 모든 일에 시니컬한 기상캐스터 필 코너스는 매년 2월 2일에 열리는 성촉절 행사를 취재하러 한 시골 마을에 들어갔다가 같은 날이 반복되는 희한한 경험을 하게 됩니다. 분명히 하루가 지난 것 같은데 눈을 뜨면 같은 날 같은 시간 같은 장소. 수십 번 반복으로 이젠 주변 사람들과 상황에 대한 모든 것을 외울 정도가 된 필은 그 정보들을 이용해 사고를 치고, 여자를 꼬시고, 돈을 훔치면서 그동안 상상만 했던 나쁜 짓을 마음 놓고 합니다. 아무리 큰 잘못을 해도 처음부터 다시 시작할 수 있으니 마치 신이 된 듯한 착각마저 느끼게 되죠.

그러나 축복인 줄 알았던 이런 '행운'도 이내 악몽으로 변합니다. 알고 있는 정보를 이용해 동료이자 여주인공인 '리타'에게 사랑을 고백하지만, 매번 뺨까지 맞으며 차이기 일쑤. 결국 반복되는 일상에 지쳐서 자살을 시도하게 됩니다. 그러나 교통사고를 당해도, 탑에서 뛰어내려도 눈을 뜨고 나면 다시 처음. 죽는 것조차 마음대로 허락되지 않죠. 그러던 중 필은 죽어가는 노숙자를 보며 끊임없이 반복되는 이 하루가 얼마나 소중한지를 깨닫게 됩니다. 이제부터는 좀 더 의미 있는 삶을 살기로 결심하게 되죠. 하루 동안 마을에서 벌어지는 모든 사건과 사고를 외우고 있는 필은 음식을 잘못 삼켜 질식하기 직전인 남자, 나무에서 떨어지는 아이, 타이어가 펑크나 쩔쩔매는 할머니들을 돕기 시작합니다. 또 피아노를 배우고 얼음 조각하는 것을 익히는 등 자신도 열심히 가꾸죠. 사랑이 가득한 사람으로 점점 변하는 필의 모습에 여주인공인 리타도 점차 호감을 느끼게 됩니다. 결국 리타와의 사랑을 확인한 필은 지겹던 블랙홀에서 벗어나 그토록 원하던 새로운 내일을 맞이하게 됩니다.

이 영화를 볼 때마다 '주인공과 같은 행운이 나에게도 있었으면…' 하는 생각을 하곤 합니다. 주인공처럼 '블랙홀' 속에서 하고 싶은 일이 너무도 많기 때문이죠. 바쁘다는 핑계로 미뤄놨던 책이나 영화를 보고, 스스로 최대 약점이라고 생각하는 악기연주에도 도전해보고 싶습니다. 또 항상 계획만 세웠던 요리를 마스터하고 사랑하는 가족과 매일 새로운 곳을 여행하는 것도 좋을 것 같습니다. 가끔은 온종

일 아무 일 없이 쉬는 것도 괜찮을 듯합니다. 물론 말도 되지 않는 상상이지만 말이죠.

그런데 영화와 비슷한 일이 실제로 벌어졌습니다. 사건의 발단은 지난해 여름 메트로 신문에 '성공을 훔쳐라' 코너를 연재하면서부터입니다. 단순하게 직장인들의 성공노하우를 취재한다는 생각으로 시작했는데 영화 속 주인공처럼 즐거운 '블랙홀'에 점점 빠져 들어가는 느낌이었습니다. 인터뷰하기 위해 새로운 멘토들을 만날 때마다 기대하지 못했던 신선한 자극을 받고 마치 새로운 날을 다시 시작하는 듯한 착각에 사로잡히곤 했습니다.

그들이 풀어놓는 이야기에 빠져들고 공감하며 한편으로는 부러워하고 한편으로는 나도 한번 따라해 봐야지 하는 생각이 들곤 했죠. 또 미처 깨닫지 못했던 것을 일깨워주는 그들의 혜안에 매번 감탄사를 연발하며 스스로도 조금씩 새롭게 태어나는 것을 느낄 수 있었습니다. 특히 하루를 의미 없이 허비했던 일이 잦았던 스스로를 반성하게 됐습니다.

이 덕분이었을까요. 출판사로부터 책을 내자는 제의까지 받았습니다. 내심 반갑기는 했지만 일상이 너무 바쁘다는 핑계로 처음에는 주저했죠. 책을 쓰는 것에 대한 '고통'을 선배들로부터 익히 들어왔던 터라 도망가고 싶은 생각이 들기도 했습니다. 그러나 망설임도 잠시뿐. '사랑의 블랙홀' 주인공인 필처럼 이내 마음을 고쳐 잡았습니다. 20명의 멘토와 함께 했던 즐거움을 혼자만의 경험으로 썩히기에는 너무 아깝다는 생각이 들어서입니다.

　마음을 고쳐 잡으니 또 다른 세상이 눈앞에 펼쳐졌습니다. 책을 쓰는 두려움은 멀리 사라지고 멘토들과 만났던 즐거운 '추억의 블랙홀'이 또다시 반복되기 시작했습니다. 한 장 한 장 책을 써내려 갈 때마다 새로운 자극이 온몸에 짜릿하게 전해왔죠. 조금씩 달라지는 스스로의 모습도 발견할 수 있었습니다.

　이제 한동안 끝나지 않을 것만 같았던 블랙홀의 끝자락에 다다랐습니다. 지금 쓰고 있는 서문만 완성하면 진정한 사랑을 이루고 눈부신 내일을 맞이한 필처럼 뭔가 새로운 일이 벌어질 것만 같습니다. 독자 여러분도 이 책을 통해 20명의 멘토와 즐거운 여행을 하며 행복한 '성공의 블랙홀' 속으로 빠져들길 바랍니다. '성공의 블랙홀' 여행이 끝날 때쯤이면 달라진 스스로의 모습에 감탄할 수 있을 것이라 확신합니다.

　이 책을 기획하고 멋지게 출간해주신 세창미디어 식구들에게 깊은 감사를 전합니다. 애정 어린 눈빛으로 '못난' 아들을 변함없이 바라봐 주시는 부모님께도 사랑한다는 말을 꼭 하고 싶습니다. 마지막으로 항상 옆에서 신선한 자극이 되어주는 아내 정혜와 좋은 아빠가 되고 싶은 마음이 절로 생기게 하는 나의 보물 오름이, 보람이에게 '행복한 블랙홀'에서 영원히 함께하고 싶다는 마음을 책 속에 띄워 보냅니다.

2010년 11월

이 국 명

1장 직장이란 정글에서 살아남는 법 ...17

3장 신입사원 때는 미쳐야 산다 ...151

1장

직장이란
정글에서 살아남는 법

선배가 하나를
시키면 둘을 하라

"드르륵 드르륵…."

마감 시간에 쫓기며 한창 기사를 쓰느라 정신없던 어느 날 오후, 휴대전화가 갑자기 요동치기 시작했다. '어느 회사 홍보실에서 또 보도자료 보냈다는 소리겠지'라는 생각에 시큰둥하게 휴대전화를 들었는데 상대방의 침묵이 한참 동안 전해졌다. "누구세요"라고 몇 번을 다그치다 지쳐 끊으려는 순간 힘없는 목소리가 간신히 흘러나왔다.

"선배, 오늘 사표 냈어요. 이번에 또 도망가면 평생 도망만 다녀야 한다는 선배 충고를 듣고 견뎌보려고 했지만 뜻대로 안 되네요. 끊임없이 괴롭히는 팀장도 싫지만 그런 모습을 색안경 끼고 바라보는 동료들의 눈길을 더 이상 견디기 힘들어요. 당분간 쉬면서 유학을 준비할 생각이에요."

고등학교 때만 해도 수재라는 소리를 들을 정도로 능력이 뛰어난 후배였다. 명문대에 진학해 취업빙하기라는 어려운 시기에도 불구하고 국내에서 둘째가라면 서러울 대기업에 당당히 합격해 모든 부러움을 한몸에 받던 녀석이었다. 그런 후배가 또다시 어려움으로부터 도망치겠다는 전화를 해온 것이다.

녀석의 이런 전화는 처음이 아니었다. 첫 직장에 입사한 지 6개월 만에 때려치우고 다른 회사로 이직했다는 연락이 왔었다. 첫 이직이 빠른 감은 없지 않지만 일단 "어려운 시기에 능력있다"고 축하해줬다. 그런데 녀석의 이직은 그때가 끝이 아니었다. 또 1년 후에는 외국계회사로, 4년이라는 짧은 직장생활 동안 무려 3개 회사를 옮겨 다녔다. 처음에는 화려한 스펙에 뛰어난 업무능력, 호감 가는 외모까지 갖췄으니 여기저기서 스카우트 제의가 쇄도했기 때문이라고 생각했었다. 그런데 마지막 사표를 내기 전 술자리에서 만난 후배가 털어놓은 이야기는 예상 밖이었다.

처음 입사한 대기업에서는 연수성적 1등을 차지해 해당 기수 대표까지 맡았다. 3개월여간의 연수를 마치고 원하는 부서로 배치받아 당연히 중요한 프로젝트를 맡을 것으로 기대했는데 한 달 동안 한 일이 회의자료 복사 말고는 없었다. 며칠 동안 밤을 새워가며 짜낸 아이디어를 회의에서 발표 해봐도 "예전에 다 검토했던 것"이라는 선배들의 핀잔을 듣기 일쑤였다. 이런 일이 몇 번이 반복되자 견딜 수 없었다. 배우는 것도 없이 몇 년 동안 복사나 하며 세월을 낭비하지는 않을까

하는 두려움도 찾아왔다.

"다른 곳으로 가면 나아지겠지"라는 생각에 이직을 단행했다. 첫 이직은 생각보다 쉬웠다. 6개월간 구직활동을 한 것으로 이력서를 꾸미니 바로 서류전형 통과라는 소식이 전해졌다. 면접에서는 6개월간의 업무지식을 섞어 답변했더니 면접관들의 눈이 반짝이는 모습까지 보였다. 무난히 첫 이직에 성공했지만 기대가 깨지는 것은 얼마 걸리지 않았다.

2개월간의 짧은 연수가 끝나고 부서에 배치받자마자 또다시 복사라는 잡무가 시작됐다. 그래도 회의시간에 발표 기회는 주어졌다. 전 직장보다는 선배들이 열린 마음으로 듣는 것 같다는 안도감도 있었다.

그러던 중 부장이 바라보는 눈이 곱지 않다는 것을 느끼게 됐다. 이유를 몰라 며칠을 끙끙댔다. 한참이 지난 후 아는 선배에게 들은 사실은 충격적이었다. 부장이 업계모임에 나갔다가 우연히 전에 근무했던 회사의 부장을 만났는데 거기서 "사표도 제대로 제출하지 않고 떠난 무책임한 놈"이라는 평가를 들었단다. 그 후로는 회의에서 발언권조차 주어지지 않았다. 또 떠나야 할 때라고 직감하고 이직준비를 시작했다.

이번에는 직책과는 무관하게 능력에 따라 평가받는 것으로 알려진 외국계회사를 노렸다. 영어는 물론 일본어에도 능통했기 때문에 어렵지 않게 이직할 수 있었다. 이젠 마음껏 능력만 발휘하면 될 것으로 기대했는데 의외의 복병이 아직 남아 있었다. 상사와의 갈등이 없을 것으로 기대하고 회사를 옮겼는데 팀장과의 갈등이 본격적으로 시작된 것이다. 새로운 프로젝트 기획을 팀장과 상의하지 않고 바로 본부장에게 올렸던 것이 화근이었다. 이때부터 팀장은 업무를 거의 맡기지 않았다. 아예 능력을 발휘하지 못하도록 하겠다는 심산이었다. 몇 번을 사과하고 술도 샀지만 막무가내였다. 팀장이 무슨 얘기를 했는지 이젠 동료들도 같이 일하는 것을 꺼리는 눈치였다. 도저히 견딜 수 없어 아예 유학을 떠나기로 결심했다.

후배의 이야기가 끝날 무렵 소주는 이미 네 병이나 비어 있었다. 입안에 남아 있는 쓴맛 때문인지 후배의 이야기가 마치 내 이야기인 것 같이 가슴을 후벼 팠다. 선배와의 갈등. 솔직히 이것이 없는 직장생활이 있을 수 있을까. 길지도 짧지도 않은 나의 직장생활 13년을 돌이켜보면 매 순간이 갈등의 연속이었다. 물론 선배와의 갈등 때문에 직장을 때려 칠까 하는 생각도 여러 번 했다. 실천에 옮긴 경우도 한번 있었다. 회사를 옮겨서 선배와의 갈등은 약해졌긴 했지만 영원히 사라지진 않았다. 선배는 물론 생각지도 않았던 후배와의 갈등까지도 종종 벌어졌다.

해결책을 찾은 것은 뜻밖의 TV에서 흘러나온 동화였다. 큰아이와 함께 TV를 보다 내 이야기인 것 같은 착각마저 느꼈다.

한 마을에 항상 행운이 따르며 갈수록 부자가 되는 갑 노인과 하는 일마다 실패하며 끼니를 걱정할 정도로 가난한 을 노인이 있었다.

지나가는 나그네가 그 차이가 무엇인지 궁금해서 갑 누인에게 비결을 물었다. 갑 노인은 나그네에게 지켜보라고 하면서 아들을 불러 소를 지붕 위에 올리라고 시켰다. 터무니없는 갑 노인의 말이었지만 아들은 나그네에게 "비록 아버지가 시키신 일이 황당하지만 반드시 이유가 있을 것입니다"라며 열심히 아버지의 말을 따르려고 노력했다. 이에 갑 노인도 나그네에게 "우리 아들은 내가 아무리 힘든 일을 시켜도 잘 따르니 무슨 일이든 믿고 맡길 수 있답니다"라고 만족스럽게 얘기했다.

을 노인도 아들에게 같은 일을 시켰다. 그런데 을 노인 아들은 말이 끝나기 무섭게 "이런 말도 안 되는 일을 왜 시키느냐"라고 아버지에게 따져 물었다. 나그네에게는 "아버지는 꼭 쓸데없는 일만 나한테 시킨다"라며 불평불만까지 늘어놓았다.

후배에게도 동화를 이야기해줬다. 처음에는 시큰둥한 반응이던 후배가 고개를 숙이고 조용히 이야기를 들었다. 한참 후 "제가 동화 속 을 노인 아들이었네요"라며 술잔을 또다시 기울였다.

후배는 일단 6개월만 참고 견뎌보겠다고 약속했다. 갑 노인 아들처럼 선배가 시키는 일을 묵묵히 따르며 신임을 얻는 것부터 해보겠단다.

술자리를 가진 지 4개월이 지날 때쯤 전화해보니 후배의 목소리는 전보다 무척 밝았다. 아직 팀장과의 갈등이 완전히 해소된 것은 아니지만 예전에 비해서는 훨씬 말이 통한단다. 팀장이 시킨 잡일도 군소리 없이 척척 해낸 덕분인 것 같단다.

후배에게 선물로 얼마 전 만난 멋진 여성 CEO의 스토리를 들려줬다.

안경화 모아베이비 대표

"허드렛일도
죽기 살기로"

(메트로신문 2010년 7월 20일자)

"의류학과를 졸업한 디자이너 지망생이었는데 입사하자마자 동대문 원단 시장에 가서 선배들이 쓸 원단을 떼어오는 일부터 시키더라고요. 아르바이트생에게나 어울릴 만한 '허드렛일'을 하자니 잠시 짜증도 났습니다. 그러나 기왕 맡은 일이라면 기꺼이 하자는 것이 신조였던 만큼 조금이라도 시간을 절약하기 위해 노력했죠. 다른 사람은 6시간 이상 걸리던 시장 방문을 한 시간 만에 해치웠더니 깐깐하던 선배들도 대단하다고 칭찬할 정도였습니다."

평사원으로 출발해 20여 년 만에 전문경영인에 오른 안경화(43) 모아베이비 대표는 이렇게 시작부터 남달랐다. 심지어는 출산 전날까지 동대문 원단 시장을 누빌 정도의 악바리 근성으로 버텨 29살이라는 젊은 나이에 디자인 실장으로 발탁됐다.

안 대표는 파스텔톤의 아기자기한 디자인이 대부분이던 유아복 시장에 데님 소재와 생동감 있는 색상으로 만든 제품을 잇따라 선보여 대박을 터뜨렸다. 다년간 동대문 상인들과 부대끼며 터득한 눈썰미가 빛을 발한 셈이다. 덕분에 지난해 7월에는 디자인과 품질보다는 유통망 관리와 영업을 중요시하는 유아복 업계에서 디자이너 출신 첫 CEO라는 영예도 안았다.

"CEO로 선임하겠다는 통보를 받고 상당히 망설였습니다. 그런데 함께 일해 온 직원들이 모회사와의 면담에서 적극적으로 추천했다는 말에 힘을 얻었죠. 남성 CEO가 가지지 못한 여성만의 감성을 잘 살린다면 훌륭히 해낼 수 있겠다는 자신감도 생겼습니다."

안 대표가 대표에 선임된 이후 모아베이비의 매출은 26%나 성장했다. 극심한 경기침체에 저출산까지 겹쳐 어려움을 겪고 있는 유아복 업계에서는 대단한 성과다. 취임하며 직원들에게 약속했던 올 연말 전 직원 해외여행 계획도 가능한 수준이라고 안 대표는 귀띔했다.

사내 최고 얼리어답터로 통해

안 대표의 놀라운 점은 이것만이 아니다. 여성에다 감성적인 일을 하는 디자이너 출신답지 않게 사내 최고의 얼리어답터로 통한다. 태블

릿PC는 물론 닌텐도DS와 같은 휴대용 비디오 게임기도 누구보다 일찍 터득했다. '우리 아이 코디하기'(가칭) 아이폰용 애플리케이션 개발도 직접 진두지휘할 정도다.

"중·고등학교에 다니는 아들·딸과 대화하다 보면 IT 용어 등에서 막히는 경우가 많았습니다. 그래도 아이들보다 많이 알아야 한다는 생각에 이것저것 익히다 보니 웬만한 젊은이보다 많이 아는 수준에까지 올랐죠. 대표가 된 이후부터는 개인 블로그를 통해 고객들에게 제품을 소개하고 다양한 의견을 듣는 재미도 쏠쏠합니다."

더 재미있는 것은 안 대표가 운영하는 블로그명인 '안모씨'. '안경화 모아베이비 CEO'의 줄임말로 직원들이 대표 취임 이후 붙여준 별명이다. 마음에 들어 사내 게시판 등에 '안모씨의 공약' '안모씨의 제안' 등으로 활용하고 있다.

이처럼 사원들에게 다정다감한 '언니 리더십'을 발휘하는 안 대표는 일과 가정을 병행해야 하는 힘든 일정 속에서도 일주일에 한 권 이상 책을 읽는 독서광으로도 유명하다.

대표가 된 후 처음 내건 공약도 직원들의 도서 구입비 지원. 물론 무조건 지원하는 것은 아니다. 책을 읽은 뒤 독후감을 써내고 시험도 보는 조건이다.

"바쁜 업무 때문에 대부분 독서에 부담을 느끼고 있는 것 같아 약간의 강제수단을 동원했습니다. 처음에는 잘될까 걱정하기도 했지만 성과가 좋아 포상제를 도입할 생각이죠. 책이라는 공감대가 생기니 직원들과 편하게 대화를 나눌 수 있어 더욱 좋답니다."

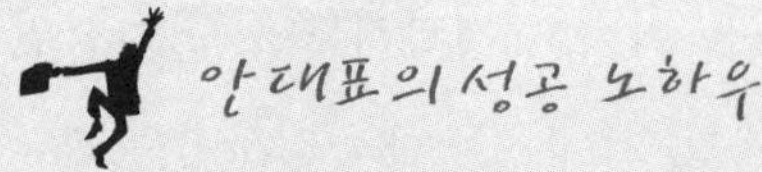

1. **모든 일을 기꺼이 하라** : 선배들이 시키는 일에는 허드렛일이란 없다. 아무리 하찮고 단순한 일이라도 정성을 다해 노력하면 선배들에게 인정받을 수 있다.

2. **그림으로 해결한다** : 문제가 생길 경우 상황을 도식화하거나 연상되는 그림을 그려놓고 생각하면 의외로 빨리 해결되는 경우가 많다. 보고서는 물론 재무제표 등도 그림으로 그려놓으면 이해하기 쉽다.

3. **여러 권을 동시에 읽어라** : 회사 자투리 시간에는 자기계발서, 집에서는 소설이나 수필 등으로 나눠 읽으면 지루하지 않아서 좋다. 독서 수첩 등을 활용하면 여러 권의 책을 동시에 읽어도 헷갈리거나 흐름이 끊길 염려도 없다.

4. **모르면 아이들에게도 배워라** : IT와 같은 최첨단 기술은 오히려 나이가 젊을수록 빠르게 익힌다. 나이 핑계를 대며 외면하지 말고 후배나 심지어는 아이에게라도 배우겠다는 열린 마음을 가지고 있어야 트렌드에 뒤처지지 않는다.

직장생활 노하우①

"우리 부서는 소통이 꽉 막혔어."

많은 직장인이 이런 하소연을 하곤 한다. 상사와 부하직원, 동료 간에 벌어지는 끊임없는 갈등 때문에 회사 다니는 것이 두렵다는 직장인도 있다. 전문가들은 직장 내 소통에도 기술이 필요하다고 강조한다. 갈등을 두려워하지 말고 잘 활용하면 오히려 단합의 계기가 될 수 있다는 설명이다. 평생학습 기업 휴넷의 조영탁 대표를 통해 직장 내 갈등을 현명하게 해결할 수 있는 7가지 비법을 알아본다.

◆ 다름을 인정하라 : 갈등은 '상대가 틀려서'가 아니라, '서로가 다르기 때문'이라는 시각을 가져야 한다. 서로가 다르다는 것을 전제해야만 협의하고 토의하는 과정이 이루어질 수 있다. 상대의 의

견이 '틀리다'라는 전제에서는 조율이나 협의보다는 바로 대립단
계로 돌입하기 쉽다.

◆ 많이 들어라 : 대화의 70%를 '경청'하는 데 할애해라. 기계적으로
듣기만 하는 것이 아니라, 귀로 듣고 눈으로 듣고 머리로 듣고 가
슴으로 들어야 한다. 상대방의 생각·감정·상황 등에 대해 정확
히 이해해야만 갈등의 본질적 원인을 찾을 수 있다.

◆ 역지사지는 기본 : 역지사지의 태도는 갈등 해결의 기본자세다.
상대를 존중하고 공감하고 있다는 것이 상대에게 전달되면 문제
를 해결하는 데 유리한 분위기가 형성된다. 누구나 이해받고 존중
받고 있다고 느끼면 우선 마음이 누그러지기 때문이다.

◆ 자신을 드러내라 : 자신의 입장, 상황, 가치관 등에 대해 상대에게
적극적으로 공개하고 정확히 알리기 위해 노력하라. 감추고 있다
는 느낌을 상대가 받는 것은 전혀 도움되지 않는다.

◆ 명령형보다는 의뢰형으로 : 부탁이나 거절을 할 때 '미안합니다만
~' '죄송합니다만~' 등 쿠션 역할을 할 수 있는 용어를 구사하는
것이 좋다. 비판이나 거절 시에는 긍정→부정→긍정의 순서대로
말하는 것이 바람직하다. 예를 들어 '김 대리는 참 일을 잘해. 그
런데 출퇴근 시간을 안 지키는 건 개선해야 해. 하지만 김 대리는

우리 부서의 분위기 메이커야' 등으로 말하면 상대방이 기분 나쁘지 않게 잘못을 지적할 수 있다.

◆ **화가 나면 10을 세어라** : 주관적 감정을 제대로 다스려야 한다. 그렇지 못하면 억울함, 상대에 대한 미움 등 갈등의 본질보다는 개인적 감정에 사로잡혀 문제를 더욱 그르치게 된다. 화가 치밀어 오르면 마음속으로 10까지 세는 것이 좋다. 열까지 세어도 가라앉지 않으면 다시 마음속으로 백까지 세어야 한다.

◆ **갈등을 기회로 만들어라** : 갈등은 조직의 변화와 성장에 따른 필수 불가결한 요소다. 따라서 자신과 조직의 발전을 위한 성장통이라 여기는 지혜로움이 필요하다. 갈등상황에 제대로 대처함으로써 생각지 못했던 아군을 만들 수도 있고, 자신의 진가를 더 높게 인정받을 수 있다.

성공하려면
많이 실패하라

질문 하나. 전 세계에서 가장 인기 있는 스포츠는? 물론 정답은 축구다. 그럼 난이도를 높여서 다음 문제. 축구에서 슛 성공률은 얼마나 될까? 20% 30%….

정답은 10% 내외다. 얼마 전 끝난 2010 남아공월드컵에서 우승한 스페인도 본선 7경기 동안 총 121개의 슈팅을 날려 성공한 골이 겨우 8개에 불과하다. 성공률을 따지자면 6.6%.

원정 첫 16강 진출이라는 위업을 달성한 태극호의 슛 성공률은 이보다 높아 10.7%. 본선 4경기 동안 56개의 슈팅 중 6개만이 골망을 흔들었다.

선수들로 기록을 맞추면 더 처참하다. 리오넬 메시(23 · 아르헨티나), 웨인 루니(25 · 잉글랜드), 프랭크 리베리(27 · 프랑스), 프랭크 램퍼드(32 · 잉글랜드) 등 세계 축구계를 대표하는 슈퍼스타들이 이번 월드컵에서 나란히 '슛 성공률 0%'를 기록했다.

특히 월드컵 개막을 앞두고 강력한 득점왕 후보로 꼽혔던 메시는 조별리그 3경기와 16강전 및 8강전을 통틀어 5경기 풀타임을 뛰면서 15차례의 유효 슛을 날렸지만, 번번이 상대 GK의 선방에 막히거나 골대를 외면했다.

잉글랜드 프리미어리그에서 무서운 득점 본능을 보여줬던 루니도 4경기에서 13개의 슈팅을 했지만 골을 기록하지 못했다. '인민 루니' 정대세(26 · 북한)도 슛 성공률 0%(시도 14개)로 남아공월드컵을 마쳤다.

축구의 슛 성공률은 왜 이렇게 낮은 것일까. 축구 전문가들은 머리에서 가장 멀리 떨어진 발을 사용해 정확성이 떨어지기 때문이라고 분석한다. 또 수비위주의 축구가 대세를 이루면서 슛 성공률 또한 낮아졌다는 이야기기도 있다.

물론 이해는 간다. 그런데 더 근본적인 이유는 없을까. 축구와 비슷하게 공을 사용해 골을 넣어야 이기는 농구나 핸드볼의 슛 성공률은 보통 40%가 넘는다고 알려져 있는데 유독 축구만 슛 성공률이 낮은 이유는 뭘까. 더 나아가 슛 성공률이 낮아 골이 적게 터지는데도 농구나 핸드볼보다 인기 있는 이유는 또 뭘까.

정답은 생각보다 간단했다. 얼마 전 케이블 TV에서 본 축구 다큐멘터리에서는 축구의 낮은 슛 성공률 덕분에 많은 축구팬들을 열광하게 만드는 이변이 자주 일어난단다. 강팀일수록 골 점유율이 높고 슈팅 기회도 많아 슛 성공률이 높아질수록 약팀이 이기는 이변은 거의 불가능하다는 분석이다. 실제로 축구보다 슛 성공률이 높은 농구나 핸드볼에서는 거의 이변이 일어나지 않는다고 한다.

이 때문일까. 이번 남아공 월드컵에서도 수많은 이변이 축구팬들을 흥분시켰다. 지난 독일 월드컵 준우승팀 프랑스는 조별리그 2차전에서 슈팅을 14개나 날리고도 한 골도 성공시키지 못하고 멕시코에 2대0으로 무릎을 꿇었다. 더 나아가 독일 월드컵 우승팀 이탈리아도 슬로바키아와의 경기에서 13개의 슈팅 중 2개를 성공시켰지만 3골을 얻어맞으며 16강에서 주저 앉았다. 반면 이웃나라 일본은 덴마크와의 경기에서 15개의 파상 슈팅을 한 골로 막아내면서 3대 1로 승리, 16강에 진출했다.

월드컵의 역사를 돌이켜보면 더욱 극적인 이변이 많다. 1990년 개막전에서 처녀 출전한 카메룬이 아르헨티나를 1-0으로 이긴 것을 비롯해 2002년과 1966년 우리나라와 북한이 특유의 조직력으로 '최강' 이탈리아를 2-1, 1-0으로 물리친 것도 '사건'으로 통한다.

축구가 전 세계인이 가장 열광하는 스포츠로 꼽히는 이유는 이 같은 이변이 큰 부분을 차지하는 것으로 보인다.

인생도 비슷하지 않을까. 모든 일에 성공할 확률이 높아 항상 학벌 좋고 '빽' 있는 강자가 이기는 '뻔한' 승부가 벌어진다면 아마 재미없을 것이다. 이렇게 되면 서민들은 아예 도전할 용기조차 갖지 못하게 될지도 모르겠다.

오히려 축구의 슛 성공률처럼 실패할 확률이 높은 것이 약자에게 유리하지 않을까. 그래야 가끔은 약팀이 자신만의 비법으로 강팀을 잡는 축구와 같은 이변이 펼쳐질 수 있을 테니 말이다.

다시 생각해보면 축구나 인생에서 성공률이 낮은 이유는 하나님, 부처님이 강자보다는 약자들을 위해 만든 배려일지도 모른다. 따라서 실패했을 때 슬퍼하거나 좌절할 것이 아니라 오히려 기뻐해야 하지는 않을까. 실패가 쌓여갈수록 그만큼 성공에 다가가니까 말이다.

중저가 일상복 브랜드 유니클로로 일본 최고의 부자로 오른 야나이 다다시 회장도 자서전에서 '1승9패'론을 부르짖고 있다. '한번 성공하기 위해서 아홉 번 실패하라!'라는 이야기다. 실제로 유니클로는 야채유통업에 진출했다가 대실패를 경험했고 해외시장을 개척하면서도 수차례 쓴맛을 봐야 했다.

야나이 회장은 인생에서 연전연승한다는 것은 있을 수 없는 일이며 새로운 시도를 하면 실패는 당연하다고 강조한다. 자신의 일생을 돌이켜봐도 1승 9패, 성공률은 10%에 불과하다고 설명한다. 마치 축구의 슛 성공률처럼 말이다.

이 같은 '인생의 진리'는 20억 년 된 생명 진화 역사에서 기인한 것인지도 모르겠다. 동물의 세계에서도 사자와 같은 맹수들의 사냥 성공률이 축구의 슛 성공률보다 조금 높은 20% 내외라고 한다. 불굴의 의지를 지닌 사자처럼 실패를 두려워하지 않고 도전한다면 성공의 영광은 반드시 눈앞에 다가올 것이다.

사자의 사냥 성공률
20%에서 배웠다

(메트로신문 2010년 6월 8일자)

"20여 년 전 동료 기자가 술자리에서 한 가지 재밌는 이야기를 들려줬습니다. 증권가를 취재하러 다녔는데 장 마감 이후에는 소위 '고수'로 불리는 사람 대부분이 TV를 통해 '동물의 왕국'을 보고 있더랍니다. '약육강식의 치열함을 느끼고 싶은가?'라고 단순히 흘려보냈는데 나중에 알고 보니 고(故) 김대중 전 대통령도 이 프로그램의 마니아라고 하더라고요. '동물의 왕국'을 보기 위해 회의를 일찍 끝낸 일화가 있을 정도였죠. 이때부터 생물학과 경영, 특히 리더십간에 무슨 관련이 있는지 연구하기 시작했습니다."

'생존경영'이라는 독특한 이름의 연구소를 운영하는 서광원(46) 소장의 이력은 이채롭다. 대학에서 불문학을 전공하고 신문사 기자로 사회에 첫발을 내디딘 서 소장은 많지 않은 나이에 창업 경력이 2번이나 된다. PC 통신 직업상담 콘텐츠 사업을 했었고 이보다 앞서서는 '낙지대학 떡볶이과'라는 튀는 이름의 분식점도 잠시 운영했다. IMF, 닷컴 열풍 등으로 인한 연이은 사업 실패로 힘들어하던 서 소장을 일으켜 세운 것은 바로 생존에 대한 강한 본능을 느낄 수 있는 바로 '아프리카'였다.

"두 번의 실패 경험담을 '사장으로 산다는 것'이란 책에 담아냈지만 뭔가 허전함이 계속됐습니다. 이때 생각난 것이 바로 '동물의 왕국'이었죠. 1,000여 편의 동물 다큐멘터리를 보며 준비한 후 2007년 '야생의 초원' 세렝게티로 향했습니다."

서 소장은 보름 동안의 야생 생활에서 자연과 생태계에 존재하는 생존전략을 몸소 체험했다고 한다. 35억 년간 축적된 생명의 위대한 지혜가 조직과 개인에게도 그대로 적용되고 있다는 사실도 느끼기 시작했다. 이런 깨달음은 '사자도 굶어 죽는다' '시작하라 그들처럼' 등의 베스트셀러와 최근에 출간된 '사장의 자격'에 오롯이 담아냈다.

"세렝게티에서 발견한 가장 놀라운 진실은 '동물의 제왕'인 사자의 사냥 성공률이 겨우 20%에 불과하다는 점입니다. 순식간에 폭발시키듯 근력을 사용하는 사자는 500m 이상을 뛸 수 없어 이때

까지만 잡히지 않으면 초식동물이 목숨을 구할 수 있기 때문이죠. 한 끼 식사를 위해 달리는 사자보다 목숨을 걸고 도망가는 초식동물이 이기는 경우가 많은 것은 어찌 보면 당연한 결과입니다. 실력을 갈고 닦지 않고 쉽게 포기하는 사자는 굶어 죽을 수도 있는 셈이죠.”

‘세렝게티 생존경영’ 강의

서 소장은 놀랍고도 슬픈 동물 이야기도 들려줬다. 안소니 홉킨스의 섬뜩한 연기가 아직도 뇌리에 생생한 영화 ‘양들의 침묵’의 비극이 현실에 그대로 재현되고 있다는 설명이다.

“목장에서 길러지는 양들은 늑대가 다가오면 소리를 지르는 것이 아니라 모두 침묵해 버립니다. 그러고는 무리 중 하나가 희생당할 때까지 가만히 기다리죠. 인간에 의해 수천 년 동안 가축화되면서 순한 놈들만 살아남았기 때문에 위험에 저항하지 못하고 쉽게 포기하는 것입니다. 위기가 다가오면 쉽게 체념해버리는 우리의 모습 속에서도 종종 ‘양들의 침묵’을 엿볼 수 있습니다.”

서 소장은 동물의 세계에서 얻은 깨달음을 토대로 삼성경제연구소의 ‘SERI CEO’에서 ‘세렝게티 생존경영’이란 강의를 진행하고 있다. 또 전경련, CEO 아카데미, 기업체 임원회의, 신입사원 연수 등에서도 자연의 세계에 존재하는 생존전략이 조직과 개인에게 그대로 적용되고 있다는 사실을 전수하고 있다.

“생명의 신비 중의 하나는, 모든 일에 200%의 노력을 기울인다는 점입니다. 초식동물에게 뜯어 먹힐 것을 대비해 풀은 두 배로 자라고, 새들이 알을 두 개씩 낳는 것도 만약을 대비하기 위함이죠. 자연의 지혜처럼 이 정도면 됐다면서 적당히 마무리하고 싶을 때 조금 더 해보고, 더 이상 아무것도 할 수 없다고 여겨질 때 한 번 더 시도해 본다면 미래의 삶이 바뀔 수 있답니다."

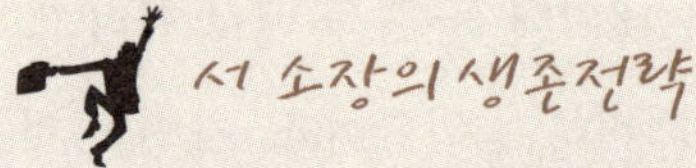

1. **실패를 훈장처럼 생각하라** : 제왕자리에 오래있는 사자일수록 흉터가 많다. 실패를 두려워하지 않고 계속 시도한 결과, 흉터가 훈장처럼 남아 있는 것이다.

2. **팀워크를 중요시하라** : 단독 생활을 하는 호랑이보다 무리로 나서는 사자의 사냥 성공확률이 높다. 비즈니스 세계에서도 혼자보다는 같이 일해야 성과가 좋다. 아무리 뛰어난 사람이라도 혼자서 처리할 수 있는 일은 얼마 되지 않는다.

3. **목표에 대한 자격을 갖춰라** : 자격증 등에만 매달리지 말고 혼자만의 성공 노하우를 갖추는 것이 필요하다. 한 CEO는 새벽녘까지 술을 먹은 날에도 자기 전 30분씩 책을 읽는 습관을 통해 '박학다식'의 대명사가 됐다.

4. **침묵은 독이다** : 위험을 발견하고도 "괜찮겠지" 하는 생각에 눈을 감는 위험 불감증은 국가는 물론 개인도 망친다. 작은 위험도 미리 소리치고 방지해야 큰 재난을 막을 수 있다.

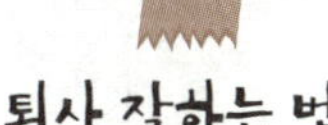

퇴사 잘하는 법

'사표 냈다 번복' 신뢰 좀 먹는다

결행하기 전 이직계획 마련
인수인계 · 퇴사 인사 꼼꼼히

"스트레스 쌓이는데 회사 관둘까."

많은 직장인이 한 달에도 몇 번씩 이런 생각을 하곤 한다. 실제로 사표를 냈다가 후회하는 직장인들도 많다. 직업전문가들은 입사하는 것만큼 사표를 쓰는 것도 전략이 필요하다고 충고한다. 떠나는 뒷모습이 어땠는지에 따라 다른 회사에 보내기 아쉬운 인재로 기억되기도 하고 다시는 함께 일하기 싫은 사람으로 기억되기도 하기 때문이다. 취업포털 사람인의 도움을 받아 '사표 잘 쓰는 법'을 알아본다.

◆ **최대한 늦춰라** : 사표를 쓰기 전에 현재 상황에서 객관적으로 최선의 선택인지에 대한 충분한 고민이 필요하다. 단지 감정이나 분위기에 휩쓸려서 내리는 판단일 경우 바로 다음날 후회하기 십상

이다.

사표를 내기 전 이직할 곳을 미리 정하는 것이 바람직하다. 만일 여의치 않다면 이직이나 전직에 대한 계획을 세우고 사표를 낸 후 생활을 유지할 여유자금 등을 꼼꼼히 따져보고 난 후 결정해야 후회하지 않는다.

◆ 직접 표현은 삼가라 : 회사를 관둘지에 대한 결정을 내리지 못한 상태에서 사표를 쓰겠다고 성급히 말하는 것은 현명하지 못한 행동이다. 임금인상이나 보직변경 등에 대해 협상을 할 때에도 상황에 따라 그만둘 수 있다는 뉘앙스만 풍기는 것이 좋다.

혹시 그만두겠다는 말을 이미 했다면 번복해서는 안 된다. 회사가 여러 가지 상황을 들어 붙잡을 수 있지만, 땅에 떨어진 신뢰를 회복하기는 어렵기 때문이다.

◆ 참는 것이 이기는 방법이다 : 최근 이직이 보편화되면서 이직을 잘하는 것도 능력으로 여겨지고 있다. 그러나 너무 잦은 이직은 오히려 마이너스 요인으로 작용한다.

대부분 회사에서 경력직을 뽑을 때 업무 능력과 경험, 성과(포트폴리오) 등과 함께 한 직장에서 얼마나 오랫동안 근무하는지도 보기 때문이다. 최소 2~5년 정도는 근무해야 성실성과 경력을 인정받을 수 있다.

◆ **마무리는 깔끔하게** : 퇴사를 결정한 후에는 더욱 업무에 충실해야 한다. 조만간 그만둘 거라며 불성실한 태도를 보이거나 인수인계를 제대로 하지 않으면 그동안에 쌓았던 좋은 이미지를 한순간에 날려버릴 수 있다.

퇴사하는 날까지 야근도 마다하지 않는 성실한 자세를 보여야 떠나보내기 아까운 인재로 기억될 수 있다.

◆ **좋은 이미지를 심자** : 퇴사하는 마지막 날에는 최대한 옷을 잘 갖춰 입고 외모에 신경을 쓰는 것이 좋다. 그리고 최대한 많은 사람에게 퇴사 인사를 하는 것이 바람직하다.

'그동안 고마웠습니다', '이렇게 헤어져서 아쉽지만, 다음에 좋은 인연으로 다시 만났으면 좋겠어요'와 같은 인사말 하나하나가 훗날 '인맥'이라는 재산으로 돌아오게 된다.

일단 한번 해봐라

"16년 동안 뛰어난 사교성으로 엄청난 인맥을 자랑하는 인맥의 달인 '쓸쓸 김병만 선생'이 나오셨습니다."

웬만한 사람이라면 무슨 프로그램인지 알 것이다. 바로 KBS TV 개그콘서트의 최장수 코너 '달인'의 한 장면이다. 사회자에게 이 같은 소개를 받은 달인(김병만)은 기인열전 부류의 황당한 장기를 선보인다. 하루 종일 한 발로 서 있기, 물구나무서서 밥 먹기, 매운 고추를 사탕처럼 맛있게 먹기 등 보기만 해도 웃음이 터지는 내용이다.

한 번도 화를 내신 적이 없는 참을 인의 달인 '뚜껑 김병만 선생', 인간의 뇌를 집중적으로 연구해 기억력의 달인이 된 '아차 김병만 선생', 최면술을 연구해서 세계 최고의 최면술사가 된 '잠결 김병만 선생'도 등장한다. 심지어는 16년 동안 단 한 번도 약속을 지키지 않아 결국 녹화장에도 나타나지 않은 '쏘리 김병만 선생', 자유자재로 방귀를 컨트롤하지만 방귀 연주 끝에 결국 '방귀가 잦으면 큰일(!)을 보게 된다'는 속담을 실천한 방귀의 달인 '보옹 김병만 선생'도 커다란 웃음을 선사한다.

이 같은 황당한 소개에 방청객은 물론 사회자까지 믿기 힘들다는 반응을 보인다. 때로는 조롱에 가까운 비웃음을 보내는 경우도 있다.

그러나 이런 반응에 달인은 능글맞은 웃음을 보이며 방청객과 사회자에게 일침을 가한다.

"~해 봤어요? 안 해봤으면 말을 하지 마세요."

콜럼버스가 바다를 통해 인도(실제로는 아메리카 대륙)를 발견했을 때의 일이다. 스페인의 이사벨라 여왕은 매우 기쁜 나머지 환영식에서 콜럼버스가 무릎을 꿇으려고 하자 바로 의자에 앉게 했다. 격식을 중요시하던 당시로는 그야말로 파격적인 대우였다. 이를 못마땅하게 여긴 한 사람이 콜럼버스를 깎아내리기 위해 다음과 같이 질문했다.

"인도야 움직이지 않고 늘 거기 있으니 배를 타고 서쪽으로 계속 가기만 하면 누구나 발견할 수 있지 않습니까."

콜럼버스는 그 말에 대답하지 않고 시종에게 달걀을 하나 갖고 오게 했다.

"여러분 중에서 어느 누구든지 이 달걀을 세워 보시오."

여러 사람이 시도해 보았으나 아무도 세우지 못했다. 그러자 콜럼

버스가 달걀의 한쪽 끝을 조금 깨뜨린 후 달걀을 세웠다. 사람들은 그
렇게 해서는 누가 못하냐고 따졌다.

이때 콜럼버스가 한 말 때문에 모두 꿀 먹은 벙어리가 됐다고 한
다. 혹시 이런 말이 아닐까.

"해 봤어요? 안 해봤으면 말을 하지 마세요."

누구나 말을 하긴 쉽다. 위대한 발명이나 발견의 경우에도 진상을
알고 나면 너무나 쉬운 것 같아서 "저런 걸 누가 못해"라고 평가절하하
기도 한다. 콜럼버스의 신대륙 발견처럼 말이다. 그러나 무엇이든 처
음 한다는 것은 엄청난 두려움을 극복하는 과정이다. 커다란 용기와
결단력이 있어야 실천에 옮길 수 있다.

콜럼버스의 신대륙 발견도 말이 쉽지 결코 쉬운 일이 아니다. 아
직 지구가 네모나다고 믿는 당시 과학수준에서 서쪽으로 배를 모는 것
은 정말 대단한 용기였다. 대서양의 끝에는 지옥의 낭떠러지가 있는
것으로 알고 있는 선원들을 설득해 항해를 계속하는 과정도 쉽지 않았
을 것이다.

하물며 자신의 고향인 포르투갈의 왕마저 콜럼버스의 계획이 가
능성 없다고 도움을 거절하지 않았는가. 콜럼버스의 두려움을 모르는
도전정신과 경쟁국인 스페인 여왕의 결단력이 없었다면 신대륙 발견
은 수십 년 뒤로 미뤄졌을지도 모른다.

미국인들이 가장 좋아하는 대통령을 꼽는 링컨에게는 이같은 일

화가 내려온다고 한다.

역사적인 '노예해방선언'을 발표한 직후 한 프랑스 기자가 차에 오르는 링컨에게 다음과 같이 질문했다.

"전 대통령들도 '노예해방선언'과 관련된 수많은 안을 내놓았지만 모두 마지막에 서명을 거부했는데, 그들은 당신에게 영광을 넘기고자 했던 것은 아닐까요?"

그러자 링컨은 이 같은 대답만을 남기고 다음 일정 때문에 황급히 떠나버렸다.

"그럴 수도 있겠죠. 하지만 거기 서명하는 데 필요한 건 아주 작은 용기뿐임을 알았다면 아마 모두 후회하고 있을 겁니다."

기자는 작은 용기가 무엇인지 궁금해 다시 링컨을 만나려 했으나 얼마 후 링컨이 불의의 저격 사건으로 세상을 떠나 뜻을 이루지 못했다. 그러다 50년 후에야 링컨이 남긴 한 편지에서 해답을 찾았다. 링컨이 친구에게 보낸 이 편지에는 다음과 같은 그의 어린 시절 이야기가 들어 있었다.

아버지는 돌이 많은 농장을 아주 싼 값에 사셨다. 하루는 어머니가 돌들을 치우자고 제안하자 아버지는 이렇게 경고했다.

"쉽게 옮길 수 있는 돌이라면 그렇게 싼 값에 농장을 팔았겠소? 엄청난 돌산으로 연결돼 있어 이전 농장 주인도 그대로 놔뒀을 것이요. 그러니 옮길 생각이랑 아예 하지 마시오."

그러던 어느 날 아버지가 시내로 말을 사러 간 사이, 어머니는 우리에게 농장에 있는 돌들을 치우자고 제안했다. 아버지의 경고가 두렵기는 했지만 일단 시도해보자고 마음을 먹었다. 우리가 그 돌들은 하나씩 파기 시작했는데 결과는 놀라웠다. 돌들은 아버지 말씀처럼 산을 이루지도 않았고, 조금만 파면 흔들거리다가 빠져나왔다.

링컨은 편지 마지막에 이렇게 썼다.

"사람들이 어떤 일을 하지 않는 것은 그 일이 불가능하다고 생각하기 때문이다. 직접 경험해 보지 않고서는 그 어떤 일도 불가능한 것은 없다."

링컨의 편지처럼 세상에는 불가능한 것은 없다. 다만, 도전하지 않을 뿐이다. 아무리 불가능해 보이는 일이라도 직접 부딪혀보면 의외로 쉽게 성공을 이루는 경우도 많다.

대부분 사람들은 세계적인 화제를 몰고 다니는 유명인사들을 신문이나 TV로 만나는 데 만족한다. 직접 만나고 싶은 마음은 굴뚝같지만 '눈코 뜰 새 없이 바쁜 명사들이 나 같은 일반인을 만나줄 리가 없다'라고 자위하면서 말이다. 그러니 '16년 동안 뛰어난 사교성으로 엄청난 인맥을 자랑하는 인맥의 달인'은 아무나 될 수 있는 게 아니다.

"~해 봤어요? 안 해봤으면 말을 하지 마세요"라고 자신 있게 말할 수 있는 사람만이 진짜 달인이 될 수 있다.

반기문 · 클린턴도
저의 친구죠

(메트로신문 2009년 12월 29일자)

반기문 유엔 사무총장, 빌 클린턴 미국 전 대통령, 버시바우 전 주한미국 대사, 크리스토퍼 힐 전 미국 국무부 차관…. 일반인들은 신문이나 TV 뉴스를 통해서나 접할 수 있는 세계적인 거물급 인사들이다. 이런 거물들을 대학생 신분으로 직접 만나 토론까지 펼친 우리나라 젊은이가 있다면 믿을 수 있을까.

김정훈(29) 한국국제협력단(KOICA) 홍보관을 만난 사람은 두 번 놀라게 된다. 우선 스물아홉 나이인 김 홍보관의 화려한 인맥과 이력이 특별하다. 이름만 대면 알만한 국내외 80여 명의 리더들이 그의 지인이다. 우리나라 대학생 최초의 대규모 국제회의 개최, 서울시 홍보정책담당, 최연소 대통령직 인수위원회 참여 등도 보통의 20대가 해본 경험은 아니다.

이렇게 '잘나가는' 김 홍보관은 좋은 집안이나 소위 '명문대' 출신과는 거리가 멀다. 그가 '지방대' 금융보험학과 출신의 보통의 배경과 겸손한 청년이란 사실을 알고 나면, '그가 20대에 이룬 성취에 어떤 남다른 비결이 있는 걸까?'란 생각을 하게 된다. 도대체 어떤 비법이 숨어 있기에 20대가 감히 상상하기 어려운 경험과 도전을 할 수 있었을까?

"대학 3학년 때 들었던 '국제관계학의 이해'란 교양과목이 계기였던 것 같습니다. 당시 국내외를 떠들썩하게 만들었던 이라크 파병에 대한 토론수업이 있었는데 찬성·반대를 떠나 본질적인 문제인 한·미관계에 대해 궁금해졌죠. 외교통상부 장관, 주한미국 대사, 한미연합 사령관 등 답을 알고 있으리라고 생각되는 사람들 앞으로 '이야기를 나누고 싶다'는 내용의 편지를 무작정 보냈습니다. 며칠 후 전혀 기대하지 않았던 답장을 받았고 직접 면담까지 하게 됐습니다."

세 번의 '꿈'같은 만남을 계기로 김 홍보관은 '대학생 정치 외교연구단체'를 만드는 등 '세계의 리더'들과 본격적인 소통을 시작했다. 반기문 유엔 사무총장, 빌 클린턴 미국 전 대통령 등 세계적인 거물들이 그의 진심 어린 편지에 답장을 보내왔고 직접 만나 토론을 하기도 했다. 이렇듯 거물들의 마음을 쉽게 움직일 수 있었던 비법에 대해 물으니 김 홍보관의 답변은 의외로 간단했다.

"항상 상대방의 입장에 서서 생각했습니다. 어떤 호칭을 듣고 싶을지, 어떤 내용에 관심 있을지 등 상대방이 흥미를 느낄 만한 것을 철저하게 사전 조사를 했죠. 반 총장 등 세계적인 명사들을 직접 만날 기회가 생기면 며칠 전부터 대화 내용을 시뮬레이션 연습까지 했습니다.”

휴대전화 쥐고 잠자는 일벌레

김 홍보관은 이런 자신의 무한도전 스토리를 담아 ‘세계의 리더와 어깨를 맞대라’(21세기북스)를 펴냈다. 이를 계기로 대학생들에게 ‘무한도전’을 설파하는 강연도 하고 있다.

“대학생들에게 ‘기회에 항상 오픈 돼 있어라’라고 강조합니다. 소중한 기회가 언제 올지 모르기 때문에 강연 중에도 휴대전화를 반드시 켜 놓으라고 주문하죠. 저 자신도 언제든지 기회가 주어지면 놓치지 않도록 휴대전화를 손에 쥐고 잠들곤 합니다.”

김 홍보관의 이런 습관은 실제로 많은 기회를 만들어줬다. 외국 명사의 갑작스러운 연락에 항상 응대할 수 있었고 현재 KOICA에서 일하는 동안에도 새벽 긴급업무 호출을 한 번도 놓친 적이 없다.

미국 링컨 대통령이 남긴 ‘난 준비할 것이며 언젠가 나에게 기회가 올 것이다’란 말을 항상 가슴에 품고 있다는 김 홍보관의 ‘무한도전’은 아직 진행형이다.

1. **상대방의 흥미를 끌어라** : 자신이 하고 싶은 이야기보다는 상대방이 듣고 싶어하는 이야기로 관심을 끄는 것이 바람직하다. 인터넷 검색 등을 통해 상대방의 관심 사항을 미리 파악하는 것이 한가지 요령이다.

2. **신문을 읽어라** : TV보다는 정돈된 기사를 접할 수 있는 신문을 매일 읽어라. 구직자의 경우 신문만 열심히 탐독해도 면접 준비를 따로 할 필요가 없다.

3. **스스로 해답을 찾아라** : 문제가 생길 때마다 다른 사람에게 물어보면 남에게 의존하는 습관이 생긴다. 모든 답은 항상 자신한테 있다는 것을 깨우치고 스스로 생각해보면 해답은 자연스럽게 떠오른다.

4. **항상 대답할 준비를 하라** : 기회로부터 언제 연락이 올지 모르니 휴대전화나 이메일을 항상 체크하는 습관을 들이는 것이 좋다. 휴일이나 새벽 등 다른 사람과 연락되지 않을 때 대답한다면 성공은 눈앞에 펼쳐질 수 있다.

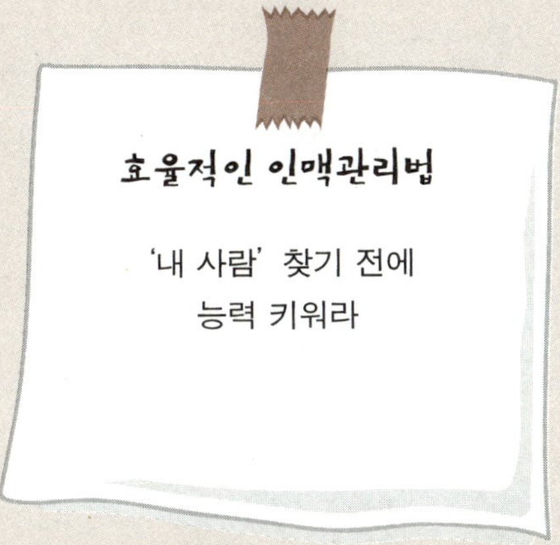

　힘들 때 나를 도와줄 수 있는 사람이 몇 명이나 될까? 직장인이라면 한 번쯤 이런 고민을 하곤 한다. 아는 사람은 많으나 막상 어려움을 함께할 사람을 꼽아보면 대부분 손가락이 부끄럽기 마련이다. 전문가들은 '이제 인맥이 경쟁력으로 통하는 시대'라며 자기 계발만큼이나 중요하게 관리해야 한다고 충고하고 있다.

　취업포털 커리어의 도움을 받아 효율적인 인맥 관리 비결을 알아본다.

◆ **전문적인 실력 갖춘다** : 스스로 최고 수준의 전문가가 되는 것이 우선이다. 자신의 분야에서 최고의 인재가 된다면 인맥은 자연스럽게 형성된다. 반면 실력이 부족한 사람이 인맥에 매달리는 것은

자칫 청탁이나 로비로 이어지기 십상이다.

◆ 정보 수집은 기본 : 호감을 주는 사람이 되기 위해서는 상대방이 필요로 하는 정보를 미리 파악하고 알려주는 센스가 필요하다. 상대방이 아직 파악하지 못한 정보를 전해준다면 좋은 기억을 오래 남길 수 있다. 이때 정보가 정확해야 한다는 것은 기본이다. 책, 신문, 잡지, 영화 등 다양한 채널을 통해 수집한 정보를 상대방의 구미에 맞게 재가공하는 것도 한 가지 방법이다.

◆ 명함 관리는 철저히 : 명함은 중요한 인적자산이다. 상대방에 대한 간단한 정보와 받은 날짜 등을 기록해 두면 나중에 연락할 때 유용하다. 보통 2~3년 정도 지나고 나면 직책이 바뀌거나 이직을 하는 경우가 많으므로 기록된 날짜가 3년 이상 지난 명함은 과감하게 버리는 것이 바람직하다.

◆ 디지털 인맥을 만든다 : 오프라인 인맥 못지않게 인터넷 카페 등 커뮤니티를 통한 디지털 인맥도 중요하다. 실제로 취업포털 커리어가 20~30대 직장인 1,129명을 대상으로 조사한 결과 56.8%가 '디지털 인맥이 있다'고 답했다. 1인당 디지털 인맥 수는 평균 20.2명으로 집계됐으며 디지털 인맥으로부터 도움을 받았다는 비율도 60%를 넘었다.
오프라인 모임에 참여하고 자신의 의견을 개진하는 등 적극성이

있어야 디지털 인맥이 끈끈하게 유지될 수 있다는 점도 명심해야
한다.

◆ **인맥지도를 만든다** : 인맥은 무조건 많은 사람을 만난다고 해서
좋은 것이 아니다. 필요한 사람을 얼마나 알고 있는가가 중요하다
는 이야기다. 이를 파악하기 위해 인맥지도를 그려보는 것이 바람
직하다. 현재의 인맥지도와 미래 성공을 위해 필요한 인맥지도를
그려보면 부족한 것이 무엇인지 한눈에 들어온다.

믿음은
배신하지 않는다

'믿음의 야구' '화수분 야구' '선수 야구' '2008 베이징올림픽 야구 금메달' ….

프로야구에 조금이라도 관심 있는 사람이라면 누구를 이야기하는지 금방 눈치챘을 것이다. 맞다. 두산 프로야구단 김경문 감독이 주인공이다. 2003년 두산 감독에 취임한 김 감독은 스타급 선수들이 줄줄이 팀을 떠난 어려운 상황에서도 2006년(5위)을 제외한 전 시즌 동안 팀을 포스트 시즌에 진출시켰고 3차례나 준우승을 차지했다. 특히 쿠바·미국·일본 등 세계 최강들이 참가한 베이징 올림픽에서는 태극 전사들을 진두지휘하며 감동적인 우승까지 일궈내 국내 프로야구를 대표하는 명장의 반열에도 올랐다.

김 감독의 이 같은 성공에 대해 전문가들은 '믿음의 야구가 빛을 발휘한 결과'라고 분석한다. 한 번 믿는 선수에게 확실히 기회를 보장하고 선수들은 감독의 믿음에 확실히 보답하는 '김경문 식 야구'가 매 시즌 기대 이상의 성과를 올렸다는 이야기다.

실제로 김 감독은 선수들의 부담을 덜어주기 위해 경기 중에는 가급적 주문을 하지 않는다. 웬만해서는 번트 사인도 내지 않고 작전도 거의 없다. 실책을 범해도 열심히 하다가 벌어진 상황이라면 절대 질책하지 않는다. 오히려 격려하면서 경기에도 계속 내보낸다. 안전한 플레이보다는 끊임없이 도전하는 선수를 중용하는 것이 김경문식 야구 스타일이다. 이 덕분에 '1등만을 기억하는 세상'에서도 김경문 감독의 두산은 늘 우승팀 이상의 강팀으로 꼽히고 있다.

김 감독은 한 언론과의 인터뷰에서 "감독의 주문이 많아지면 선수들이 복잡해진다. 투수 코치, 타격 코치, 배터리 코치 등 코칭스태프의 주문 속에 감독까지 나서면 안 된다"고 강조한 뒤 "선수 스스로 최상의 컨디션에서 경기를 풀어가야 한다. 잘 안 되면 이야기하면서 해결하는 것이 옳다"고 자신의 야구 철학을 설명하기도 했다.

김경문 감독과 같은 상사의 믿음 덕분에 오늘날 자신이 있을 수 있었다고 이야기하는 CEO도 있다. 발명왕 에디슨이 만든 것으로 유명한 세계적인 기업 GE의 한국대표를 맡고 있는 이채욱 사장은 1980년 초 삼성물산 수입과장으로 고선박 해체사업을 담당했던 시절을 절대 잊을 수 없다고 한다. 미국 출장길에 낡은 선박을 해체, 고철을 떼어내

철강회사에 판매하는 고선박 해체 사업을 본 이 사장은 이 사업을 회사에 제안했다. 미국보다 인건비가 저렴한 한국에서 이 사업을 하면 경쟁력이 있겠다고 판단한 것이다.

예상대로 이 사업은 엄청난 수익을 올려줬다. 욕심이 생긴 이 사장은 고선박 5대를 한꺼번에 수입했다. 크게 배팅을 한 셈이다.

그러나 일은 뜻대로 풀리지 않았다. 해일이 닥쳐와 부산 감천만에 정박해 두었던 배들이 모두 바다 밑으로 가라앉아 버렸다. 보험 처리도 되지 않았고, 당시 회사 자본금이 120억 원 정도였는데 43억 원 정도의 손해를 끼쳤다.

사표를 낼까 고민하던 이 회장은 일단 함께 일하던 동료들과 사태를 수습하는 일까지는 마무리하기로 하고 곧장 부산으로 내려갔다.

그때부터 수천 t에 이르는 배를 수중에서 50t 단위로 절단해 크레인으로 끌어 올리는 작업을 시작했다. 그 유명한 삼청교육대원들까지 동원한 이 작업은 이듬해 9월까지 1년 반 동안이나 계속됐다.

최선을 다해 일을 마무리하자마자 이 사장은 날짜만 적지 않은 채 미리 준비해 두었던 사표를 회사에 냈다. 그런데 얼마 후 상사로부터 뜻밖의 전화를 받았다.

"그동안 수고 많이 했으니 두바이 지사장으로 나가 얼마간 쉬다 오라."

열심히 잘해 보려다 손해가 생긴 것이지 개인의 잘못은 아니라는 것을 위에서도 이해하고 자신의 일에 끝까지 책임을 진 공로를 높이 산 것이다.

이 사장은 "성공을 통해 배우는 것보다 실패를 통해 배우는 게 100

배, 1,000배는 크다"라며 "실패해도 절대 도망가지는 말자는 생각을 하게 됐다"라고 이때의 교훈을 말했다.

IBM의 설립자인 톰 왓슨도 열심히 하는 부하직원에 대한 무한신뢰로 이름이 높다.

한 젊은 부사장이 매우 모험적인 신제품 개발계획을 보고했다. 톰 왓슨은 과연 이 사업이 성공할 수 있는지를 물었다. 부사장은 성공을 확신하며 이렇게 말했다.

"이 사업은 꼭 성공합니다. 위험부담이 큰 사업일수록 큰 수익을 올릴 가능성이 크니까요."

그러나 신제품 개발사업은 실패했다. 더구나 회사에 1,000만 달러 이상의 손해를 입히고 말았다.

톰 왓슨이 불렀을 때 부사장은 사표를 제출하며 말했다.

"회사에 막대한 손해를 끼친 책임을 느껴 사직서를 제출합니다."

그러자 톰 왓슨이 정색하며 말했다.

"무슨 소린가. 나는 자네를 교육하는데 무려 1,000만 달러를 들였는데…. 다시 시작하게."

사장의 격려에 고무된 부사장은 다시 도전해 신제품 개발에 성공했다.

김경문 감독, 이채욱 사장의 상사, 톰 왓슨….

직장생활을 하며 이 같은 상사와 선배를 만나는 것은 엄청난 행운이다. 특히 실패할까 두려워하지 않고 하고 싶은 것에 도전할 수 있다는 장점은 자신을 스스로 발전시키는데도 큰 힘이 될 듯하다.

그러나 현실에서는 이 같은 행운이 쉽게 오지 않는다.

취업포털 스카우트가 20~30대 직장인 666명을 대상으로 '상사나 선배에게 가장 듣고 싶은 말'을 조사한 결과, '자네라면 잘할 거야'(27.3%)가 1위에 올랐다. 이어 '역시 최고야'(23.1%), '일을 잘하는군'(21.3%) 등 자신을 신뢰하는 말이 주로 뽑혔다.

'가장 힘이 되는 한마디'에서도 '잘했어'(24.9%)라는 말이 가장 많이 꼽혔고, '수고했어'(21.9%), '네가 최고야'(16.5%), '고생한다'(13.5%), '힘내라'(9.3%) 등의 순이었다. 또 '가장 믿음과 신뢰를 느끼는 말'로는 '같이 고생해 보자'(44.7%), '내가 뒤에 있어'(16.2%), '내가 책임질게'(15.3%), '나만 믿어'(9.0%), '내가 한 번 알아볼게'(8.1%) 등의 순이었다.

이를 역으로 살펴보면 이 같은 신뢰의 말을 상사에게서 거의 듣지 못한다는 이야기다. 어떻게 해야 할까.

'뿌린 대로 거둔다'는 말이 있다. 상사에게서 무한신뢰를 얻고 싶다면 스스로 후배들에게 무한신뢰를 먼저 보내야 한다는 이야기다. 김경문 감독이 두산 코치 시절 김인식 감독이라는 훌륭한 롤 모델로부터 '믿음의 야구'를 배웠다는 사실이 이를 증명한다.

앞으로 의기소침해 있는 후배를 발견하면 '자네라면 잘할 거야'라는 애정이 어린 말로 격려해보자. 언젠가는 선배에게 같은 격려의 이야기를 들을 수 있을 것이다. 여기에 덤으로 회사 내에 후배들의 어려움을 잘 헤아리는 멋진 '백기사'라는 소문이 날지도 모를 일이다.

손영호 롯데카드 FDS 팀장

"직장인 필살기?
백기사 만들어라"

(메트로신문 2010년 8월 3일자)

"입사 3년 차 때 '회사에 도움도 되고 좀 재미난 게 없을까'를 고민하다 금융사고 예방 시스템인 FDS에 눈길이 확 꽂혔습니다. 당시 이 시스템은 금융선진국으로 불리는 일본마저도 미국에서 수입해 쓸 정도로 최첨단 기술의 집약체였죠. 그래도 몇 달간 철저히 조사한 자료를 들고 사내에서 '카리스마'로 통하는 임원에게 찾아가 '예산 10억 원만 밀어주십시오'라고 무작정 매달렸습니다. 처음에는 '국내 기술로는 안 된다'라며 고개를 내젓던 임원이 며칠간 끈질기게 찾아간 열정에 반했는지 '한 번 해봐라. 실패해도 낙심하진 말고'라는 격려까지 해주시더라고요."

'낭중지추(囊中之錐, 능력과 재주가 뛰어난 사람은 스스로 두각을 나타내게 된다는 뜻)'. 손영호(38) 롯데카드 FDS 팀장과 이야기를 나누다가

문뜩 떠오른 사자성어다. 허스키한 목소리로 풀어내는 이야기를 듣다
보면 어디서 저런 용기와 아이디어가 샘솟을까 하는 의문이 들 정도다.

삼성카드 신입 1년 차 때 전사가요제 결선 MC를 보며 사내에 이름
을 날렸다는 이야기를 시작으로 FDS를 10여 개월 만에 완성해 각종 언
론에도 소개됐다는 무용담까지 시간 가는 줄 모르고 빠져들었다.

"대리도 달지 못한 사원이 박사들까지 이끌며 최첨단 금융 시스템
을 개발했다고 하니 화제가 됐던 것 같습니다. 당시 돈으로 50억 원이
호가하는 기술을 국산화했다는 점도 높은 평가를 받았죠. 몇 년째 연락
이 끊겼던 대학 시절 여자 동기가 뉴스를 보고 연락할 정도였습니다."

매년 한 가지씩 큰일을 저지르자

손 팀장은 카드사태로 인한 희망퇴직이 한창이던 2004년 뜻이 맞
는 선배들과 롯데로 직장을 옮겼다. 손 팀장은 희망퇴직 대상이 아니
었지만 좋은 사람들과 함께하고 싶은 마음이 컸단다. 이 때문에 손 팀
장에게는 삼성이 조강지처, 롯데는 평생의 반려자처럼 여겨진단다. 삼
성에서 아내를 만나 연애하고, 롯데에서 결혼에 골인한 것도 이런 생
각을 더욱 짙게 한다는 설명. 두 회사에서 경험한 멋진 추억을 담아 최
근 '삼성과 연애하고 롯데와 결혼하다' (국일미디어)라는 책도 펴냈다.

"직장생활을 시작할 때 '매년 한 가지씩 큰일을 저지르자'라는 계
획을 세웠는데 올해는 그동안 익힌 경험과 노하우를 한번 정리해봐야
겠다는 생각이 들더라고요. 그래서 직장생활 14년 동안 저질렀던 큰일

들을 하나씩 떠올리며 초안을 작성해 몇 군데 출판사에 보냈습니다. 다행히 출판하겠다는 곳이 있어 우리나라를 대표하는 삼성과 롯데의 당대 최고의 직장인들에게 배운 노하우와 어록, 경험을 남길 수 있게 됐죠."

그럼 손 팀장이 깨달은 직장생활 필살기는 뭘까. 술을 대신 마셔주는 흑기사가 아닌 일을 잘하면서 인간적으로도 가슴 깊숙이 서로 챙겨주는 백기사를 많이 만들란다. 중요한 선택을 하게 될 때는 물론 직장생활의 갈림길에 설 때도 가장 중요한 것이 백기사의 역할이라는 설명이다.

"어느 조직에서나 일을 잘하면서도 인간적으로 후배나 동료를 가슴 깊숙이 챙겨주는 백기사가 있기 마련입니다. 이런 백기사들은 능력 있는 후배가 마음껏 끼를 발휘할 수 있도록 돗자리를 깔고 판까지 만들어주죠. FDS 개발이라는 어려운 결정을 흔쾌히 내려준 제 백기사처럼 말이죠."

우리나라를 대표하는 기업인 삼성과 롯데에서 배운 14년간의 노하우를 후배들에게 아낌없이 알려주고 싶다는 손 팀장의 얼굴에선 선한 백기사의 미소가 엿보였다.

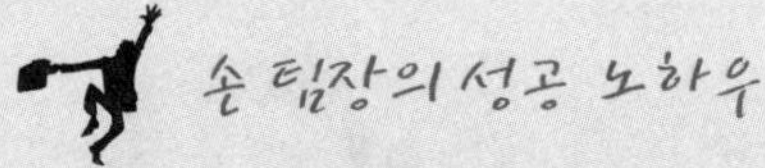

1. 빅잡(Big Job)을 만들어라 : 1년에 하나씩은 평생 기억에 남을 만한 큰일을 저질러라. 직장생활의 나태함도 덜 수 있고 자기 브랜드 관리도 가능하다.

2. 강점을 더욱 강화하라 : 자기계발에서 가장 중요한 것은 자기가 잘하는 것을 강화하는 것이다. 강점을 키우는 것이 약점을 보완하는 것보다 훨씬 효율적이고 가치도 크다.

3. 스펙 보다는 인성이다 : 업무상 겪는 여러 상황은 실력이 조금 부족하더라도 사람들과의 조화로운 관계를 유지한다면 얼마든지 극복 가능하다. 훌륭한 스펙보다는 얼마만큼 회사에 대한 애정과 자부심이 있는지가 중요하다는 이야기다.

4. 사내 행사에 적극적으로 참여하라 : 체육대회, 가요제 등 사내에서 열리는 행사는 자신을 드러낼 수 있는 최고의 기회다. 단순히 참가하는 것을 넘어 최선을 다해야 한다.

직장생활 노하우④

"직장 동료에게 인정받고 마음도 얻고 싶은데 어찌해야 하나요."

최근 동료와의 갈등으로 어려워하는 직장인이 많다. 나름대로 최선을 다했는데 동료와의 사이는 더 벌어져 직장을 그만두는 경우까지 있곤 하다. 전문가들은 목적과 이익만으로 동료를 대하기보다는 직장 생활의 고충을 함께하는 공감대를 형성하는 것이 바람직하다고 충고한다. 공선욱 파인드잡 인사컨설턴트 겸 사업총괄 실장의 도움을 받아 직장 동료의 마음을 얻는 방법을 알아본다.

◆ **취미 · 종교로 공감대 형성** : 동료와 지속적인 인맥을 만드는 방법으로 취미 · 종교를 공유하는 것만큼 좋은 것도 없다. 동료가 늘 MP3를 꼽고 다니는 걸 발견한 김 대리. 동료에게 음악사이트 인

기 차트에 올라온 곡을 내려받아 선물했다. 자연스레 음악에 대해 얘기하면서 공감대까지 형성할 수 있었다.

무역회사에 근무하는 한 대리는 크리스천이다. 회사 내 같은 크리스천끼리 어려운 일이 생길 때마다 기도해주고 같이 성경 말씀을 나누기도 한다. 교회에 큰 행사가 있으면 초대도 하고, 같은 신앙을 바탕으로 공동체적인 마인드를 공유한다.

◆ **경조사 · 소개팅 챙기기** : 동료의 기쁨과 슬픔을 같이한다면 마음도 얻기 쉽다. IT 회사에 다니는 김 팀장. 팀원들의 생일은 물론 결혼 · 돌잔치 등을 빼먹지 않고 챙긴다. 혹시 참석이 어려울 때는 부조와 함께 편지를 보내 미안한 마음을 표시한다.

영업맨 홍 대리는 넓은 인맥을 이용해 애인이 없는 동료에게 소개팅을 적극적으로 주선한다. 결혼까지 성사되면 평생 가는 끈끈한 인맥이 된다.

◆ **유용한 정보를 함께** : 동료가 필요로 하는 재테크 · 쇼핑 · 맛집 등의 정보를 제공하는 것도 한 가지 방법. 쇼핑을 좋아하는 한 대리에겐 유명 브랜드 창고할인 개방 정보를 주는 동료가 누구보다도 고맙다. 특히 고가브랜드를 싼 가격에 구매한 날에는 정보를 제공한 동료에게 선물할 정도다.

◆ **험담은 절대 금물** : 동료를 험담하지 않는 것이 직장인의 필수 매

너 중 하나다. 특히 동료 앞에서는 상사는 물론 다른 사람의 험담
도 하지 않는 것이 좋다. 만약 동료 앞에서 험담했다가는 결국은
자신도 험담의 대상이 될 수 있다고 생각하기 때문이다.

반면 칭찬은 아무리 많이 해도 지나치지 않는다. 동료의 작은 의
견이라도 무시하지 않고 "좋은 의견이었어~", "그 의견 최고인
것 같아~"와 같이 칭찬하면 동료의 기분은 좋아진다.

◆ **인간적이고 솔직하게** : 혹시 사이가 나쁜 동료가 있다면 너무 의
도적으로 접근하기보다는 솔직한 모습을 보여주는 것이 좋다. 인
간적인 모습만큼 사람의 마음을 끄는 것도 없기 때문. 이와 같이
상대방 입장에서 생각하고 배려하기 위해 노력한다면 결국 동료
의 마음을 얻을 수 있다.

갇힌 생각에서
깨어나라

2002년 한·일 월드컵 개막 직전의 일이다.

대표 팀의 맏형이자 우리 수비진의 중심축인 홍명보 선수가 프랑스와의 평가전 도중 부상을 당했다. 언론에서는 일제히 '4년 공든 탑 무너질라' '16강의 꿈은 물거품 되나' 등 자극적인 제목의 기사를 쏟아냈다.

그런데 당시 대표팀 감독이었던 히딩크는 대수롭지 않다는 반응이었다. "홍명보가 못 나오면 유상철을 쓰면 되지"라는 알다가도 모를 말을 하면서. 놀란 취재진이 그 말이 무슨 의미인지 끈질기게 질문을 던지자 히딩크는 귀찮다는 듯이 대답했다.

"유상철은 좌우 풀백은 물론 중앙수비수까지 소화할 수 있다. 홍명보의 공백은 충분히 커버할 능력이 있다. 더 나아가 그는 수비형 미드필더와 공격형 미드필더에 세워도 될 정도다."

당시 히딩크의 설명에 기자들은 대부분의 축구관계자들도 고개를 갸우뚱했다고 한다. 공격수는 공격만 하고 수비수는 수비만 하는 것을 철칙같이 믿어왔기 때문이다. '한 우물을 파라'는 속담이 전해지는 우리 사회에서 히딩크가 이야기하는 것처럼 이것저것을 다한다는 것은 왠지 주제넘은 짓처럼 여겨지기도 했다.

그러나 히딩크 감독은 자신의 소신대로 유상철은 물론 황선홍, 박지성, 이영표 등 여러 포지션을 소화할 수 있는 선수들을 중용했다. 국내 축구감독들 사이에서 '버려진 선수'로 낙인찍혔던 김남일을 비롯해 최태욱, 차두리, 송종국 등을 발굴해 '멀티 플레이어'로 조련시켜 나갔다.

이들의 눈부신 활약을 앞세워 그 누구도 예상하지 못했던 '4강 신화'를 일궈냈다.

히딩크의 성공은 축구계는 물론 우리 사회 전체에 엄청난 영향을 주었다. 여기저기서 히딩크의 성공에 관한 다양한 분석을 쏟아냈다. 특히 히딩크의 멀티 플레이어 중용에 초점을 맞춘 보고서도 눈길을 끌었다.

삼성경제연구소는 '히딩크 리더십의 교훈'이라는 보고서를 통해 히딩크가 한국 팀의 틀에 박힌 포메이션 파괴와 멀티플레이 육성 등 끊임없는 혁신을 추구한 점에 주목했다. 그동안 한국팀의 경우 정형화된 '팀플레이'를 했기 때문에 히딩크는 멀티 플레이어 중용이라는 팀 운영 혁신을 일으켜 선수들에게 창의적인 축구 · 생각하는 축구를 할 수 있는 변화를 주었고 이것이 4강 신화의 밑거름이 됐다는 분석이다.

대한상공회의소도 히딩크의 리더십을 분석한 '기업의 성공적인 인재육성 7가지 전략'이란 보고서를 통해 멀티 플레이어의 중요성을 강조했다. 직원들이 멀티 플레이어로 거듭나게 되면 포지션 확보를 위한 선의의 경쟁이 치열해 기업에 도움된다는 논리다.

히딩크가 몰고 온 파장은 여기서 끝이 아니다. 직장인들 사이에도 '멀티 플레이어' 바람이 불기 시작한 것이다. 갈수록 어려워지는 직장 생활에서 한 가지만 잘해서는 살아남기 어렵다는 판단에서다.

이미 많은 직장인이 자신을 스스로 멀티 플레이어로 변신시키기 위해 노력 중이다. 2009년 교육사이트 굿에이치알디가 직장인 403명을 대상으로 '감원공포를 느낀 적이 있는지'에 대해 설문조사한 결과, 응답자의 77.2%(312명)가 '그렇다'고 답했다. 직장인들은 이런 불안감을 해소할 수 있는 최고의 전력으로 '멀티 플레이어가 된다'(19.4%)를 다음으로 '스스로 일을 찾아서 한다'(22.6%)를 꼽았다.

사실 말이야 쉽지 당사자로서는 멀티 플레이어가 되는 것은 대단히 힘든 문제다.

여러 포지션 역할을 수행하려면 한 분야에 매달릴 때보다 3~4배의 노력을 기울여야 한다. 각 포지션에서 배운 것을 창의적으로 종합시켜 낼 줄도 알아야 한다. 그만한 능력이 있어야 멀티 플레이어가 될 수 있다는 이야기다.

실제로 히딩크는 모든 선수에게 멀티 플레이어가 될 것을 강요하지 않았다. 그런 역할을 소화할 수 있는 선수들에게만 멀티 플레이어

되어 달라고 요구했다. 특히 굳은 일을 마다하지 않는 심성을 가진 선수를 멀티 플레이어 후보 명단에 올렸다. 그래서 히딩크는 선수의 기량 못지않게 인간성도 중요한 척도로 삼았다.

모든 직장인이 멀티 플레이어가 될 수는 없다. ‘내 일만 하면 된다’ ‘내 분야에서는 내가 최고니 참견 말라’라는 인식을 하고 있다면 더욱 그러하다. 특히 국내 직장인들이 멀티 플레이어가 되기 위한 노력을 보면 아직 부족한 듯하다.

취업사이트 사람인이 20, 30대 직장인 1,482명을 대상으로 ‘멀티 플레이어가 되기 위해 어떤 노력하는가’를 물은 결과, ‘자격증 등 관련 교육을 받는다’(37.8%), ‘외국어 공부를 한다’(25.8%) 등의 대답이 많았다. ‘회사 전체의 업무 흐름을 파악하기 위해 노력한다’든지 ‘업무가 전혀 다른 부서에 지원한다’ 등의 파격적인 노력은 거의 없다. ‘다른 부서의 업무를 돕는다’ ‘굳은 일을 솔선수범 하겠다’ 등의 각오도 눈을 씻고 봐도 드물다.

자기 밥그릇을 지키려는 사람은 진정한 멀티 플레이어가 되기 힘들다. 다른 사람의 도움 요청을 외면하는 사람은 더욱 어렵다. 공격수와 수비수가 함께 수비하고 수비수가 공격수를 도와 골을 넣는 파격이 있어야 한다.

더 나아가 권위의 파괴도 자연스럽게 받아들여야 한다. 히딩크는 훈련 전후로 자신이 직접 장비들을 챙겼다. 훈련 중 선수들과 골대를 함께 날랐고 훈련을 마친 선수들이 숙소로 복귀할 때도 뒷정리를 마무리한 뒤에야 들어갔다. 그야말로 멀티 플레이어란 뭔지 몸소 보여준 셈이다.

직장에서도 진정한 멀티 플레이어가 되려면 그동안의 '갇힌 생각'부터 깨야 한다. 내가 할 일과 남이 할 일을 구분하는 습관부터 버려야 한다. 팀장이나 간부라고 부하 직원에게 지시만 하고 부하직원들은 선배가 시키는 대로 따라만 해서는 결코 발전할 수 없다.

특별히 정해진 포지션이 없이 그라운드를 마음대로 뛰어다니는 박지성 선수처럼 단순 작업에서부터 기획·총무·인사까지 회사의 모든 일을 한눈에 꿸 수 있어야 진정한 멀티 플레이어로 평가받을 수 있다는 이야기다.

이를 실천하려면 어떻게 해야 할까. 아주 간단한 비법이 있다. 아무리 바쁘더라도 다른 부서의 도움 요청이 있을 때 자발적으로 즐겁게 나서는 것이다. 업무시간에 도와주기 어렵다면 퇴근 후 따로 시간을 내는 적극성을 보이는 것도 좋다. 혹시 '오지랖 넓다'는 핀잔을 들을까 걱정할 필요도 없다. 오히려 '인간성 좋다'는 소문이 사내에 퍼질 것이다.

업무 흐름을 익히는데도 이보다 좋을 수는 없다. 다른 부서들과 부대끼다 보면 서로의 고충을 파악할 수 있고 협업의 효과도 높아진다. 그야말로 '1석2조'인 셈이다.

강현모 에듀윌 커뮤니티팀 팀장

"멀티플레이어는
또 하나의 생존법"

(메트로신문 2010년 5월 11일자)

웹 프로그래밍, 사이트 유지보수, 온라인 학습지도 상담, 고객 기술지원 원격 상담, 일반총무 업무, 교재 재고 관리, 웹 기획 업무, 광고홍보 팀장, 커뮤니티 팀 팀장….

한 회사에서 9년여 만에 이 많은 업무를 모두 경험했다. 1년에 한 번꼴로 새로운 업무가 주어진다면 지칠 만도 하건만 오히려 매년 새로운 일을 맡겨달라고 자원까지 했다고 한다. 마치 신세계를 탐험하는 것 같은 설렘이 즐겁기 때문이란다.

자격증·공무원 전문 교육기업인 에듀윌 커뮤니티 팀 강현모(39) 팀장은 사내에서 '마당발'로 불린다. 매년 새로운 명함을 만들어야 할 정도로 워낙 다양한 업무를 담당해 왔기 때문에 여기저기서 도움 요청이 끊이질 않는다. 이 덕분에 매일 퇴근이 늦어지지만 강 팀장의 얼굴에는 항상 미소가 가득하다.

"동료를 도울 수 있다는 것은 귀찮기보다는 오히려 기쁜 일이라 생각합니다. 그만큼 제가 회사에서 필요한 인물이라는 방증이니까요. 이 덕분인지 사내에서 대표님을 제외하고는 가장 오래 근무한 직원이기도 하죠."

행정학과를 졸업한 강 팀장이 입사할 당시 에듀윌은 직원이 4명에 불과한 작은 벤처기업이었다. 웹 기획을 하던 중 재고 관리도 해야 할 정도로 업무영역 구분이 따로 없었다. 이제는 직원 100여 명에 달하는 중견 교육업체로 성장했지만 업무 영역을 넘나드는 강 팀장의 활약은 계속되고 있다.

"몇 년 전 다른 팀 요청으로 발송업무를 도와준 적이 있었는데 내역을 종이에 수기로 처리하는 것을 발견했습니다. 불편해 보여 엑셀로 데이터베이스를 구축해 이용할 수 있게 만들어줬죠. 이런 일이 반복되다 보니 웬만한 업무는 어떻게 하면 제대로 빠르게 할 수 있는지 자연스럽게 알게 되더라고요."

새로운 업무 경험으로 자기계발

강 팀장은 직장인의 최대 관심사인 자기 계발에도 나름의 철학을 가지고 있다. 교육이나 독서를 통해서 업무능력을 향상할 수도 있지만 직접 부닥치며 경험을 통해 쌓은 지식이 최고라는 신념이다.

"한번은 인턴사원에게 마케팅 업무를 지시했었는데 조금 지난 후

메신저로 '팀장님이 해보세요'라고 하더군요. 책에서 배우기는 했지만 실무 경험이 전혀 없는데 자세한 설명도 없이 업무를 시키니 인턴사원 입장에서는 일을 던졌다고 생각한 듯해요. 경험해보지 못한 지식은 업무에 전혀 도움이 되지 않는다는 것을 깨달았습니다."

강 팀장은 새로 들어오는 직원들에게 팀 내 모든 업무를 일정 기간 직접 경험하게 한다. 이를 통해 교과서와는 다른 실제 비즈니스 환경의 어려움을 깨닫고 자신에게 가장 적합한 업무를 찾을 수 있도록 도와주기 위해서란다. 강 팀장 자신도 현재 맡고 있는 업무가 완전히 자리 잡히면 새로운 업무를 찾아 개척해 나갈 계획이다.

"전문성이 최고 가치로 인정받는 요즘 추세 속에서 여러 직무를 거치는 것은 경력 관리 차원에서 자칫 위험할 수도 있습니다. 그러나 회사 내의 모든 업무를 직접 경험해 '멀티플레이어'로 성장하는 것도 '또 하나의 생존법'이 될 수 있다고 확신합니다. 워낙 여러 팀을 거치다 보니 사내 업무 흐름을 웬만큼 다 꿰고 있고 인맥도 넓어 타 부서와의 유기적 협조에 누구보다 자신 있으니까요."

앞으로 CEO나 본부장과 같이 리더십을 발휘할 수 있는 업무를 맡고 싶다는 강 팀장은 자신의 경험을 후배들에게 전수하기 위해 강단에 서는 날이 빨리 오길 손꼽아 기다리고 있다.

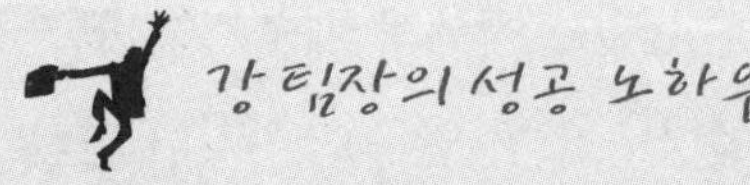

1. **우선순위를 정하라** : 많은 일을 동시에 하려면 우선순위를 빨리 판단해야 한다. 타부서와 연계된 업무부터 처리하는 것이 회사 전체의 시간을 절약할 수 있다.

2. **성과를 내라** : 시키는 일을 처리만 해서는 자신은 물론 회사의 발전도 기대하기 어렵다. 비록 작은 부분이라도 개선할 부분을 찾아 시간과 경비를 줄일 수 있다면 중요한 업무를 맡을 기회가 늘어난다.

3. **상대방 입장에서 생각하라** : 부하직원에게 일을 시킬 때도 단순히 지시만 해서는 안 된다. 자신의 경험을 토대로 부하직원의 어려움을 헤아려 주는 리더십을 발휘해야 모든 업무를 순조롭게 해결할 수 있다.

4. **남들이 싫어하는 일에 자원하라** : 회사 생활을 하면서 늘 하고 싶어하는 일만 할 수는 없다. 다들 하기 싫어하는 잡일도 잘 처리하면 원하는 일을 할 수 있는 보상이 뒤따를 수 있다.

직장생활 노하우⑤

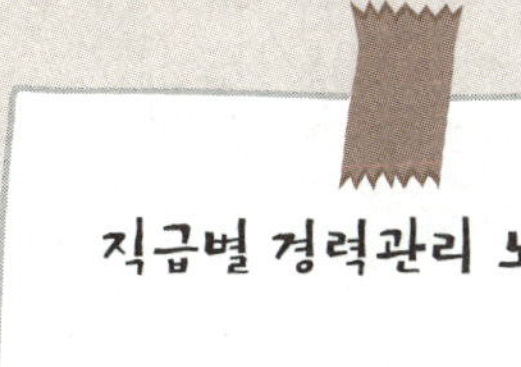

신입사원에게 업계를 아우르는 넓은 시야를 요구하지 않듯이 임원에게 꼼꼼한 실무능력을 바라지 않는 것이 일반적이다. 기업이 직급별로 원하는 능력이 다르다는 이야기다. 취업포털 커리어의 도움을 받아 직급별로 갖춰야 할 필수능력을 알아본다.

◆ **사원급 :** 일 잘하는 선배의 업무 습관과 행동 패턴을 잘 따라 하기만 해도 절반은 성공한 셈이다. 선배에게 좋은 인상을 준다면 업무 노하우와 인적 네트워크를 고스란히 전수받을 수 있다. 이때 무조건 베끼기보다는 성실함, 창의성, 꼼꼼함 등 한 가지 면에서라도 자신의 이미지를 확고히 하는 것이 좋다.

스스로 일을 찾는 자세도 필요하다. 근무 시간에는 주어진 일을 마무리하고, 남은 시간 동안 창의적인 기획안을 만들어보거나 업계시장동향에 대해 파악하는 노력도 기울여야 한다. '막내니까 선배들이 알아서 챙겨 주겠지'라는 생각을 하다가는 낙오되기 십상이다.

◆ **대리급** : 관리를 시작하는 단계이기 때문에 실무능력뿐 아니라 커리어 네트워크도 신경을 써야 한다. 커뮤니티 등에 가입해 비슷한 업무를 담당하고 있는 사람들과 정보를 교류하고, 인적 네트워크를 넓히는 것이 좋다.
또 다른 사람들이 꺼리는 업무나 어려운 과제도 주도적으로 나서서 해결하려고 노력해야 한다. 일에 대한 책임감과 열정은 기본이다.

◆ **과장 · 차장급** : 경영자와 말단 직원 간의 가교 역할을 수행할 수 있는 커뮤니케이션 능력이 필요하다. 아랫사람들이 자발적이고 적극적으로 업무를 수행할 수 있도록 가이드 역할도 충실히 해야 한다.
그동안 쌓아온 업무 노하우와 인적 네트워크 등을 통해 핵심 역량을 갖춘 인재임을 회사 측에도 끊임없이 알려야 한다.

◆ **부장급** : 신규 사업에 대한 기획력을 갖추고, 이에 대비해 자신과 팀을 준비시켜 나가는 역할을 수행해야 한다. 영업 등과 같은 사업 부문을 경험해보거나 기획부서에 근무함으로써 사업 전체의

윤곽을 파악해보는 것이 좋은 방법이다.

웹진 등에 칼럼을 기고하거나 강연 등에 참가해 자기 관리를 하는 것도 중요하다.

◆ **임원급** : 회사와 업무뿐 아니라 업계, 시장, 경제 흐름 등을 해석하는 넓고 깊은 시야를 가져야 한다. 단순한 관리에 그치지 않고 조직이 성과를 낼 수 있도록 직원들의 사기를 북돋워 주고 업무에 대한 동기를 유발하는 능력도 필요하다.

나서야 할 자리에는 과감하게 앞에 나서 사람들을 이끌 수 있는 빠른 결단력도 요구된다.

행복을 느끼는 간단한 방법

뜨거운 태양이 작열하는 중동 사막의 한 도시에서 한 남자가 처량하게 앉아 신세 한탄을 하고 있었습니다. 마침 그 길을 지나가던 한 이슬람 수도승이 그 남자에게 이유를 물었죠.

"내 신세가 하도 딱해서 이러고 있습니다. 예전에는 수십 명의 노예를 부릴 정도로 부자였지만 이제는 이 작은 가방 하나밖에 남은 게 없습니다."

그 말을 듣던 수도승은 갑자기 남자의 가방을 빼앗아 달아났습니다. 갑자기 가방을 도둑맞은 남자는 죽을 힘을 다해 수도승을 쫓아갔죠. 한참을 달려가다 길가에 놓인 자신의 가방을 발견한 남자는 허름한 가방을 소중하게 끌어안으며 세상을 다시 얻은 것 같이 기뻐했다고 합니다.

먼발치에서 이를 지켜본 수도승은 "똑같은 가방인데 조금 전까지는 울게 하더니 이번엔 웃게 하네"라고 말하며 다시 수도하기 위해 길을 떠났다고 합니다.

　자신이 가지고 있는 것에 대해 소중하게 생각하는 사람은 드문 것 같습니다. 이 이야기 속 남자처럼 말이죠. 대부분이 빼앗긴 것이나 가지지 못한 것에 대해 늘 애석해하며 스스로 불행하다고 한탄하기까지 합니다. 그런데 잠시만 눈을 감고 생각해보세요.

　항상 무거운 짐인 것 같은 가족, 도움되지 않는 선후배, 몇 푼 없는 통장 등도 갑자기 사라진다면 정말 끔찍하지 않을까요. 그러다 다시 눈을 떠 현실로 돌아오면 '행복하다'는 생각이 잔잔히 밀려올지 모릅니다.

　매일 행복을 느끼는 법, 생각보다 쉽습니다.

2장

나만의
성공지도를 만들어라

당당하게 팔자

서울 시내 대학가에서 식당을 하다 그만둔 후배가 어느 날 찾아 왔다. 이 후배의 식당은 한때 톡톡 튀는 메뉴와 친절한 서비스, 착한 가격으로 인기를 끌었다. 대학생들 사이에 입소문도 제법 나기 시작했다. 그런데 시간이 지날수록 손님이 서서히 줄어들었다. 후배의 식당이 조금 인기를 얻자 비슷한 식당들이 우후죽순처럼 생겨났기 때문이다.

후배는 젊은 대학생들이 좋아하는 트렌드에 맞춰 유명 프랜차이즈 전문점과 같은 친절에 승부수를 띄웠다. 직원들을 더 고용하고 철저히 서비스 교육을 시켰다. 그런데 비용만 늘어날 뿐 손님 수는 더 줄어들었다. 결국 2년 반 만에 식당을 접은 후배는 자신이 왜 실패했는지 한동안 알 수 없었다고 한다.

실패의 충격에다 그 이유조차 몰라 한동안 방황하던 후배는 어느 유명한 맛 집에서 술을 마시다가 뭔가 번뜩이는 느낌을 받았다. 실패의 원인을 발견한 것이다. 후배가 깨달은 원인은 놀라웠다.

"너무 친절해서 망했다."

후배의 분석에 의하면 몇 시간씩 줄을 서서 먹을 정도로 맛있는 집은 죄다 불친절하다. 적극적으로 음식을 팔려고 매달리지도 않는다. '먹을 거면 먹고, 먹기 싫으면 나가라'는 식이다. 가만 생각해보면 그런 것 같다. 맛 집이라고 소문난 집치고 친절을 무기로 내건 집은 드물다.

식당에 자리가 나서 앉게 될 때도 마찬가지다. 종업원들은 신경도 쓰지 않는다. 불러도 대답 없는 메아리만 공허하다.

워낙 손님이 많아 그러려니 하면서도 주문 벨을 몇 번씩 눌러야 하거나 모르는 사람과 합석해 팔을 부대끼며 불편하게 식사를 하게 되면 화가 나는 경우도 많다. 심지어는 오늘 판매할 음식을 다 팔았다며 몇 시간씩 줄을 서서 기다린 손님들을 돌려보내 황당하게 만들기도 한다. 이런 경험을 한두 번 하다 보면 "다시는 여기 안 온다"고 결심할 정도다.

그러나 이런 생각도 잠시. 종업원의 불친절, 짐짝 같은 취급의 불쾌함을 한 방에 날려버리는 맛 집 특유의 진한 맛과 향기가 머릿속을 맴돌며 발걸음은 또다시 맛 집으로 향하게 되곤 한다. 바쁜 점심시간에 30분 이상 줄 서더라도 꼭 그 집에서 점심을 먹어야 할 정도로 중독

되어 간다.

얼마 전 방영됐던 KBS 주말드라마 '열혈 장사꾼' 속 전설적인 영업사원 매왕(이원종 분)의 실제 모델로 유명한 기아자동차 박상면 영업이사는 평생 한 번도 힘든 자동차 전국 판매왕에 9년 연속 올랐다. 1985년 기아자동차 입사 1년 차 때 승용차 287대를 팔았고 97년에는 한 달에 57대를 판매해 월 판매량 사내 최고기록을 세웠다. 지금까지 그가 판 자동차가 무려 4,300대가 넘는다.

박 이사가 한 언론과의 인터뷰를 통해 밝힌 판매습관은 매우 특이하다. 고객에게 자동차를 사달라고 한 번도 먼저 말해본 적이 없단다. 오히려 고객들이 알음알음으로 자동차를 사겠다고 연락을 취해오는 경우가 대부분이다. 심지어는 자신의 손해를 무릅쓰면서 이번 달에 사지 말고 판매조건이 좋은 다음 달에 사라고 말하는 경우도 있다. 그런데도 박 이사는 전성기 때 매일 한 대꼴로 자동차를 팔아치웠다.

영업만큼 능력차이가 크게 드러나는 일도 없다. 같은 물건을 파는데도 수억 원의 소득을 올리는 사람이 있는 반면 책임량을 소화하기도 벅찬 영업인들도 많다.

이들의 성패를 가르는 가장 큰 차이는 바로 고객을 대하는 태도다.

하수들은 단순히 물건을 많이 팔겠다고 덤빈다. 고객을 만나자마자 판매하는 물건에 대한 이야기부터 꺼내고 물건을 사라고 강요하기까지 한다. 고객의 마음을 상하게 하는 것도 다반사다. 그래서 고객들은 이런 영업사원을 만나려 하지 않고 결국 물건도 사지 않는다.

반면 영업의 달인들은 고객에게 물건을 팔려고 하지 않는다. 고객의 이야기를 주의 깊게 들어주고 필요한 정보를 제공할 뿐이다. 자신이 판매하는 제품에 대한 자부심이 넘치며 혹시 제품에 대해 평가 절하하는 경우에는 과감히 판매를 거부하기도 한다. 그만큼 당당한 자신감이 몸에 배어 있다.

맛 집도 마찬가지다. 고객에게 가장 필요한 훌륭한 맛과 품질을 제공할 뿐이다. 맛 집 고유의 풍취를 다른 곳에서는 절대 맛볼 수 없다는 자존심도 넘친다. 그래서 제대로 된 맛 집의 음식가격은 절대 '친절'하지 않다. 고유한 맛을 지키려면 그만큼 훌륭한 재료와 정성이 들어가야 하기 때문이다.

맛에 대한 자존심이 불친절에 대한 나쁜 기억을 깡그리 날려버리는 셈이다.

특히 맛에 대한 자신감은 이를 소비하는 손님에게는 자부심으로 작용하기도 한다. 맛 집에서 줄이 길다고 불평하는 사람은 처음 오는 사람이 대부분이다. 단골들은 오히려 줄이 길수록 이런 유명한 집을 알고 있다는 묘한 소속감까지 느낀다. 식당에서 부탁하지 않아도 스스로 모객행위를 하며 동료와 지인들을 손님으로 끌어모을 정도다.

최인호의 소설 '상도'의 주인공인 조선후기 최대 무역상이었던 임상옥이 인삼을 팔기 위해 중국에 갔을 때 일이다. 임상옥은 중국 내 인삼수요가 폭발적으로 늘고 있다는 정보를 입수, 거의 전 재산을 끌어

모아 인삼에 투자했다. 조공단과 함께 베이징을 방문해 장사를 시작하려는 데 커다란 문제가 발생했다. 중국 상인들이 귀국 날짜가 정해져 있는 임상옥을 압박하기 위해 '불매동맹'을 맺은 것이다. 그러고는 값을 후려치기 시작했다.

임상옥은 빈털터리가 될 절체절명의 위기에 놓였다. 다른 장사치였으면 조금이라도 건지고자 헐값으로라도 인삼을 팔았을 텐데 임상옥은 전혀 다른 결정을 내렸다. 귀국 전날 가져온 인삼을 모아놓고 불을 지른 것이다.

"조선의 혼이 담긴 인삼을 헐값에 파느니 차라리 모두 태우고 가겠다"는 배짱이었다.

상황은 순식간에 역전됐다. 중국 상인들이 인삼을 태우는 임상옥에게 매달리며 돈은 얼마든지 줄 테니 제발 태우지 말라고 애원했다. 일부 인삼을 태웠지만 임상옥은 원래 계획했던 것보다 더 많은 이문을 남기고 귀국길에 올랐다.

비즈니스 세상에서는 갑과 을이라는 묘한 관계가 존재한다. 갑은 항상 을을 압박하며 상식에 벗어나는 요구를 하는 경우도 많다. 물건을 팔아야 하는 을 입장에서는 울며 겨자 먹기로 갑의 무리한 요구를 들어주는 것이 일반적이다. 한번 이런 관계가 맺어지면 좀처럼 개선되지 않는다. 이래서는 장사고 뭐고 제대로 될 리가 없다.

어떻게 해야 할까. 이에 대한 해결책은 맛집 · 달인 · 임상옥이 가르쳐주고 있다. 갑과 을, 손님과 주인이 아닌 서로 도움을 주고받는 당당한 관계설정을 해야 한다는 이야기다.

이렇게 돼야 물건을 산 고객들은 '제품을 샀다'는 생각보다 '누구에게 샀다' 더 나아가서는 '상품과 사람을 얻었다'는 기쁨까지 얻게 된다. '장사는 돈을 남기는 것이 아니라 사람을 남기는 것'이라는 임상옥의 말처럼 말이다.

노점상 7년…
변태 취급도

(메트로신문 2010년 6월 29일자)

'세일즈 멘트! 이렇게 만들면 죽 쏜다' '개똥도 약으로 만드는 니즈 환기의 비밀' '고객을 살살 녹이는 은밀한 설득의 비법' '화장실 청소에서 리더십을 배운다' …. 몇 달 전부터 이런 톡톡 튀는 제목의 이메일이 메일함에 쌓이기 시작했다. 처음에는 스팸메일인 줄 알고 발견 즉시 삭제키를 눌렀다. 그래도 거의 매일 새로운 제목과 내용으로 이메일은 도착했다. 누굴까? 무슨 내용일까? 왜 이렇게 줄기차게 이메일을 보내는 걸까? 슬그머니 궁금해졌다.

인터뷰 장소에서 만난 주인공 심현수(30) 한국영업인 협회 소장은 예상보다 훨씬 젊고 힘이 넘쳤다. 'CSM(Chief Sales Mentor)' '최고 세일즈 멘토'라고 자신을 소개하는 똑 부러지는 말투 속에는 당당한 자신감이 엿보였다.

"군대를 제대하고 복학을 준비하던 중 '취업하고 나서 뭐하지? 회사에 다니다 그만두면 창업해야 할 텐데'라는 생각이 문득 들었습니다. 하루라도 젊었을 때 실패를 맛보는 것이 낫겠다는 생각에 무작정 길거리 창업에 나섰죠. 7년여간 성공과 실패를 거듭하다 보니 '7전 8기 사업 스토리'가 차곡차곡 쌓이게 됐습니다."

명문대를 다니다 '영업인의 길'에 뛰어든 심 소장은 젊은 나이에도 불구하고 그야말로 안 해본 장사가 없을 정도다. 거리, 지하철, 노점, 상가 등 장소를 가리지 않고 연필, 야광봉, 물, 휴대전화 등을 닥치는 대로 팔았다. 심지어는 여성용 면 생리대도 그의 판매 목록에 있었다.

"'안 팔리는 물건은 없다. 못 파는 세일즈맨이 있을 뿐'이라는 신념하에 한때 면 생리대 판매에도 도전했습니다. 제품의 장점을 제대로 설명하기 위해 직접 착용하고 찜질방, 여자 대학교 등을 돌아다녔다가 '변태'로 오인받기도 했죠. 이런 노력 덕분인지 면 생리대는 월매출 1억 원이라는 엄청난 '대박'을 가져다줬습니다."

심 소장은 이런 경험을 담아 '꿈은 기회비용을 요구한다'(북플래닛 펴냄)는 책도 펴냈다. 안전한 것만을 바라며 소위 '스펙 쌓기'에만 온통 정신을 빼앗긴 젊은이들이 자신과 같은 용기 있는 도전에 나서길 바라는 마음을 담고 있단다. 심 소장은 서울시에 등록된 '한국영업인 협회'를 운영하

며 정기적인 강연회와 세미나, 인터넷 매거진, 인터넷 방송 등을 통해서도 젊은 영업인들과 소통하고 있다.

고객을 도와준다는 '갑'의 자신감 갖춰야

심 소장은 자신만의 영업 노하우도 살짝 공개했다. 고객을 따라다니는 것이 아니라 고객이 쫓아오게 하는 것이 핵심이란다.

"수많은 고객을 찾아다니며 사달라고 매달렸다가는 잡상인 취급에서 영원히 벗어나질 못합니다. 고객이 필요로 할 만한 정보를 먼저 맛보기로 제공해 구매의사가 있는 고객이 스스로 접근하게 해야죠. 예를 들어 중고차 영업사원이 고객들에게 '중고차 딜러들이 사기 치는 7가지 방법'과 같은 자료를 잘 정리해 보내준다면 고객들로부터 만나자는 연락이 쇄도할 것입니다."

심 소장은 영업인들이 스스로 '을'이라는 소극성에서 벗어나 상대방인 고객을 도와준다는 '갑'의 자신감을 가져야 한다고 강조했다. 이런 당당함을 뒷받침할 수 있도록 지식과 경험을 쌓는 데도 최선을 다해야 한다는 이야기다.

"이젠 아예 학교에서 제적을 당해 돌아갈 수도 없는 처지이긴 하지만 복학하지 않은 것을 한 번도 후회해본 적이 없습니다. 학교와 직장이라는 안전한 울타리를 남보다 먼저 벗어났기 때문에 '진짜 인생'을 빨리 맛보며 깨달을 수 있었기 때문이죠. '대한민국 최고 세일즈 스타'라는 인생 목표도 그만큼 빨리 이룰 수 있을 것이라 확신합니다."

1. **빨리 시작하라** : 안전한 것만 찾아다니다 보면 영원히 정해진 울타리에서 벗어날 수 없다. 한 살이라도 젊었을 때 도전하고 실패해봐야 성공에 도달할 가능성이 그만큼 커진다.

2. **못 파는 물건은 없다** : 단점을 장점으로 승화시킬 수 있는 스토리를 담으면 안 팔리는 물건도 대박을 터뜨릴 수 있다. 예를 들어 면생리대를 직접 착용해 경험했던 착용감, 피부트러블 등을 들려주면 여성고객들이 거부감을 느끼기보다는 친근감으로 다가온다.

3. **박리다매의 환상을 버려라** : 많이 팔아 많이 남기겠다는 생각에 매달리다 보면 고객들을 소홀히 대하기 쉽다. 작은 고객에게 적당한 이윤을 받겠다는 '적리소매'의 원칙을 지키다 보면 고객과의 신뢰감을 쌓을 수 있다.

4. **자신감을 갖춰라** : 만나는 사람에게 한가지라도 더 도움을 줄 수 있는 것을 찾아라. 이래야 부탁을 하더라도 당당하게 할 수 있다.

영업직 취업 노하우

동아리 · 아르바이트 경력
강조해야 …
해당 업계 동향파악도 기본

"불황일수록 영업직은 잘나간다."

극심한 취업 한파가 몰아치고 있는데도 기업들의 영업직 채용은 꾸준하다. 잘만하면 꽉 닫힌 취업의 문이 의외로 쉽게 열릴 수도 있다는 이야기다. 취업포털 커리어의 도움을 받아 영업직 취업 노하우를 알아본다.

◆ **성격 장단점은 자세히 :** 영업직은 상대적으로 연령과 전공의 제약을 크게 받지 않는다. 다만 다양한 사람을 대하는 업무의 특성상 성격의 영향을 크게 받는다. 따라서 자기소개서를 작성할 때 성격의 장단점 부분을 신경 써야 한다.

예를 들어 '말이 많지 않은 편이며 그래서 처음 만나는 사람에게는 거리감을 준다'는 표현은 영업직 지원자에게 큰 약점이 된다.

◆ **다양한 경험 강조** : 영업직으로 지원하고자 한다면 관심분야가 다양하며 처음 만나는 사람과도 친근한 분위기를 조성할 수 있다는 점을 강조하는 것이 좋다. 신입이라면 학창시절 동아리 활동이나 아르바이트 경험 등 학업 외에 다방면으로 활동했다는 점을 전달하는 것이 유리하다.

◆ **인재상도 꼼꼼히** : 영업직이 요구하는 인재상의 요소들을 잘 고려해야 한다. 영업직의 경우 기업들은 승부근성이나 도전정신, 적극성 등을 평가한다.

주의할 점은 승부근성이나 도전정신을 너무 앞세울 경우 상대에 대한 배려나 신뢰감이 부족한 사람으로 보일 수 있으므로 겸손하고 성실한 이미지도 함께 전달하는 것이 효과적이다.

◆ **기업 파악도 중요** : 지원하려는 기업의 주력상품이나 서비스를 미리 파악해 두는 것도 중요하다. 영업의 핵심 업무는 기업의 상품이나 서비스를 판매하는 것이기 때문에 업계 동향을 살피고 상품이나 서비스의 차별화된 판매전략을 찾는 것은 기본이다.

면접에서도 이와 관련한 질문이 꼭 나오므로 이에 대한 준비를 사전에 해두는 것이 좋다.

◆ **커리어도 설계해야** : 전문화 추세에 따라 장기적인 시각에서 자신의 커리어를 설계하는 자세도 필요하다. 제약업계는 영업직에 대해 '의료정보담당자(MR)'라는 명칭을 붙이고 있으며, 보험업계도 '보험설계사' '라이프 플래너' '파이낸셜 컨설턴트' 등으로 전문화된 명칭을 사용하고 있다. 따라서 관심업종을 사전에 정해두고 그와 관련한 전문교육이나 자격증을 취득해 둔다면 도움이 된다.

한번에 15cm씩만

하반신이 완전히 마비된 미국인 마크 웰먼이 미국 캘리포니아의 엘 카피탕이라는 암벽 등정에 도전했다. 몇 년 전 사고로 허리 아래를 전혀 쓸 수 없는 그가 1,000미터에 가까운 암벽을 정복한다는 것은 사실상 불가능에 가까웠다. 약 250미터에 달하는 63빌딩을 팔의 힘으로만 네 번이나 올라가야 하는 셈이니까 말이다.

주변에서도 완강히 말렸지만 무엇인가 성공하고 싶은 욕구가 샘솟는 웰먼의 도전을 막지는 못했다. 게다가 그는 이 목표를 이루기 위해 이미 6개월 동안 팔만 가지고 암벽을 타는 연습도 끝낸 상태였다.

웰먼은 친구가 암벽에 걸어준 로프를 잡고 누구의 도움도 없이 암벽을 오르기 시작했다. 자신의 팔 힘으로만 올랐기 때문에 속도가 더딘 것은 물론이었다. 팔을 한번 움직여 오를 수 있는 거리가 겨우 15

센티미터에 불과했다. 총거리가 1,000미터였으니까 그는 무려 6,666번, 대략 7,000번이 넘게 로프를 당겨야만 했다. 하루에 오를 수 있는 거리가 100미터를 조금 넘어 웰먼이 정상까지 오르는데 무려 9일이나 걸렸다. 그런데도 포기하지 않고 결국 정상을 정복한 그에게 기자들이 물었다.

"그 힘든 등정에 어떻게 성공할 수 있었습니까?"

엄청난 설명이 뒤따를 것으로 기자들이 잔뜩 기대했지만, 그의 대답은 의외로 간단했다.

"한번에 15센티미터씩."

자신의 목표인 1,000미터가 머리 속에 있으면 그 어마어마한 수치에 압도돼 포기하기 십상이기 때문에 한번에 15센티미터를 어떻게 올라갈 것인가에 대해서만 고민했다는 설명이다. 이 같은 과정을 7,000여 번 반복하다 보니 자연스럽게 꿈을 이룰 수 있었다는 이야기다.

한참 지난 후 웰먼은 한 언론과의 인터뷰에서 그때의 일을 떠올리며 "꿈이 있다면 그 꿈은 오직 내가 실천할 때에만 이루어진다"라며 "15센티미터만 앞으로 나아가겠다고 결심한다면 세상에서 이루지 못할 일은 없다"고 말했다.

많은 사람들이 목표를 세운다. 자격증 취득, 외국어 정복, 다이어트, 금연, 금주 등과 같은 작고 개인적인 목표도 있고 회사설립, 학위취득, 유학, 이민 등 보다 큰 꿈을 꾸는 사람도 있다. 그러나 정작 목표를 이뤘다는 사람은 생각보다 적다. 오죽하면 '작심삼일'이란 용어가 있을 정도다.

실제로 취업포털 잡코리아가 남녀 직장인 555명을 대상으로 '올해 계획한 목표 달성 정도'에 대해 설문조사한 결과, 절반이 넘는 61.1%의 응답자가 올해 계획한 목표를 '실천하지 못하고 있다'고 답했다. 실제 계획한 목표의 달성률도 평균 37.2%에 그쳤다.

목표를 실천하지 못하는 이유로는 '의지부족'이라는 응답이 40.7%로 가장 많았다. 게으름(37.3%), 많은 업무량(29.4%), 시간부족(21.6%), 경제적 빈곤(19.8%), 외부유혹(5.6%) 등을 꼽은 사람도 많았다.

과연 목표를 달성하지 못하는 이유가 이것뿐일까. 더 큰 원인이 있는 것은 아닐까.

'How to be happy : 행복도 연습이 필요하다'라는 베스트셀러를 펴낸 리버사이드 캘리포니아 주립대 심리학과의 소냐 루보머스키 교수는 목표를 달성하는 한 가지 방법으로 '아기 걸음마처럼 목표를 작게 쪼개라'를 제시했다. 장기목표를 이루기 위해서는 작은 단기목표를 세워놓고 의도적으로 달성해가는 성취감을 맛보는 연습이 필요하다는 설명이다. 루보머스키 교수는 그 이유로 목표를 달성했을 때보다 목표를 달성할 것이라는 긍정적인 예측이 사람을 더 행복하게 해준다고 강조했다.

예를 들어 현재 갖고 있는 돈으로 내일 당장 여행을 떠날 수 있는 사람과 여행자금을 마련하기 위해 아르바이트하는 사람 중 누가 더 행복할까? 당장 여행을 떠날 수 있는 사람이 더 행복할 것이란 대답도 있겠지만 연구결과 아르바이트하는 사람이 더 행복하단다. 조만간 배상 여행을 갈 수 있을 것이라는 긍정적인 희망이 아르바이트 내내 일이 힘든 줄도 모르게 도와준다고 한다. 실제로 여행경비를 벌기 위해 아르바이트를 해본 경험이 있다면 충분히 공감할 만한 주장이다.

흔히 인생에 비유되는 마라톤도 비슷하다.

1984년 도쿄 국제초청마라톤대회에서 야마다 혼이치라는 무명에 가까운 일본 선수가 우승을 차지했다. 우승 비결을 묻는 기자들의 질문에 그는 "머리를 썼기 때문"이라는 모호한 대답만 남겼다.

야마다는 2년 뒤에 이탈리아 국제초청마라톤대회에서도 또다시 우승했다. 기자들이 우승 비결을 묻자 그는 지난번과 같은 대답을 했다.

"머리를 썼기 때문이지요."

기자들은 물론 사람들도 그가 머리를 어떻게 썼는지 이해할 수가 없었다. 그러다 비밀이 밝혀진 것은 10년 뒤 야마다의 자서전이 나오면서였다.

"나는 매번 시합이 열리기 전 차를 타고 마라톤 코스를 둘러보곤 했다. 이때 나는 코스마다 눈길을 끄는 목표물을 정해 두었다. 예를 들면, 첫 번째 목표는 은행 건물, 두 번째는 큰 나무, 세 번째는 붉은 집…. 이런 식으로 결승점까지 목표물을 설정해 두었다. 그리고 경기가 시작되면 100미터 달리는 속도로 첫 번째 목표 지점을 향해 달렸다. 첫 번째 목표 지점에 이른 다음엔 같은 속도로 두 번째 목표 지점을 향해 달렸다. 이런 식으로 40킬로미터가 넘는 코스를 작은 코스로 나누어 훨씬 수월하게 달릴 수가 있었다."

그는 자서전에 이런 말도 남겼다.

"처음에는 멋모르고 42.195킬로미터나 떨어진 결승선 테이프를 목표로 삼고 달렸다. 그랬더니 겨우 몇십 킬로미터 달리고 지쳐 더는 뛸 수가 없었다. 결승선까지 아직도 멀었다는 생각에 초반부터 겁을 먹었기 때문이다."

웰먼이나 야마다처럼 큰 욕심 내지 않고 현재 자기의 능력만큼 목표를 잘게 쪼개 차근차근 한 걸음씩 옮겨보면 어떨까. 불가능한 것처럼 보이는 일들도 어느 순간 정복해 있는 자신을 발견할 수 있을 것이다. '천 리 길도 한 걸음부터'란 속담, 결코 헛된 말이 아니다.

'20일 플랜'으로
5년 만에 10억

(메트로신문 2010년 1월 26일자)

5년 만에 10억 원.

웬만한 직장인들은 꿈도 꾸지 못할 숫자다. 특히 부동산이나 주식 등에서 소위 '대박'의 힘을 빌리지 않고서는 거의 불가능에 가깝다. 그런데 30대 중반의 젊은 나이에 자신의 본업에만 충실해 이런 꿈을 이뤘다면 믿을 수 있을까.

AIA생명 명동지점에 근무하는 신용직(34) 설계사는 사내에서 '3,000만 원의 사나이'로 불린다. 18개월 연속 고객 보험료 납부금 월 3,000만 원 이상을 유지한 덕분이다. 더욱 놀라운 것은 이 기간에 단 한 건의 계약해지도 없었다. 본사인 미국 AIG가 글로벌 금융위기로 구제금융 처지에 놓이고 국내에서도 경기침체로 보험을 깨는 사람이 급증하고 있다는 뉴스가 쏟아지고 있는데도 말이다.

"회사의 고객관리 매뉴얼을 업그레이드한 '20일 플랜'의 도움이 컸다고 생각합니다. 직장인의 한 달 평균 근무일인 20일 동안 실천할 20가지의 목표를 미리 마련해 두는 거죠. 특히 한 달 영업 흐름에 맞춰 계획을 세웠더니 고객은 물론 시간 관리까지 저절로 되더라고요."

신 설계사의 '20일 플랜'은 첫째 주 고객과의 전화 약속, 둘째 주 영업자료 준비, 셋째 주 고객 및 자신 점검, 넷째 주 고객정보 정리 등 주별 주제가 있다. 이 주제에 맞춰 오전 중에 그날의 계획 실천방안을 마련하고 오후에 이를 해치우는 방식이다. 특히 20개의 계획이 유기적으로 연결돼 있기 때문에 하루라도 미룬다면 전체가 틀어지게 된다고 신 설계사는 강조했다.

"'20일 플랜'을 처음 구상하게 된 계기는 설계사들의 수입이 워낙 들쭉날쭉해서였습니다. 어떻게 하면 기복이 없는 수입을 만들 수 있을까 고민하다 한 달은 물론 연간 계획을 미리 세워 실천해보자고 결심했죠. 다른 설계사들이 소개받은 지 한 달도 지나지 않아 계약 이야기를 꺼내는 것과 달리 '20일 플랜'에 맞춰 3~6개월간 인간적인 신뢰를 쌓아갔더니 계약이 자연스럽게 이뤄지더라고요."

종이로 업무 · 고객관리 눈길

2005년 1월 보험업계에 첫발을 들여놓은 신 설계사는 '20일 플랜' 덕분에 2년 만에 보험설계사들의 꿈인 '100만 불 원탁회의(MDRT)' 회원 자격을 획득해 3년째 유지하고 있다. 2009년에는 '이규제큐디브 마스터 플래너'로 승진했고 올해는 MDRT 중에서도 탑클래스이자 국내 보험설계사 중 0.1%에 불과한 'COT'(Court of Table)' 달성을 눈앞에 두고 있다.

이런 신 설계사는 업무처리 방식도 유별나다. 노트북, 스마트폰 등 첨단 IT로 업무효율을 높이는 다른 설계사와는 달리 고객 및 업무 관리 등을 종이에 일일이 기록하고 있다.

"노트북이나 인터넷이 갑자기 고장 나 고객의 시간을 빼앗는 일이 종종 발생하기 때문에 요즘도 종이 기록지를 들고 다닙니다. IT를 활용하는 것보다 시간도 많이 걸리고 불편하긴 하죠. 하지만 종이에 기록하다 보면 매번 고객이나 업무의 과거 기록까지 업데이트해야 하기 때문에 좀 더 꼼꼼히 살펴볼 수 있다는 장점이 있습니다."

중학교 때까지 야구선수를 했다는 신 설계사는 가장 존경하는 인물로 미국 메이저리그 '마지막 4할 타자'로 불리는 테드 윌리엄스를 꼽았다. 징집 대상자가 아니었지만 자원해 2차 세계대전은 물론 한국전쟁까지 무려 5년을 전쟁터에서 보낸 윌리엄스는 철저한 자기계획으로 참전 후에 더욱 맹활약한 것으로 유명하다.

　"벤치에 앉아만 있어도 '꿈의 타율'
인 4할을 기록할 수 있었을 때 윌리엄스
는 '치사한 4할 타자가 되느니 당당한 3
할 타자가 되겠다'라고 말했습니다. 그
가 좋아하는 '나는 최고이며 이전에도
최고였으며 앞으로도 최고일 것이다'란
말을 실천한 거죠. 철저한 계획만 있다
면 글로벌 경제위기 같은 어려움도 윌리
엄스처럼 당당히 맞설 수 있습니다."

1. **목표를 잘게 쪼개라** : 성취 가능한 목표부터 기간을 정해 작게 시작해야 실패확률이 낮다. 5년 또는 10년 단위로 이루고 싶은 목표를 정하고 이에 맞춰 매년, 매달 계획을 마련하는 것이 바람직하다.

2. **철저히 계획하라** : 매달 계획은 자신의 업무 흐름을 정확히 파악한 후에 수립하는 것이 좋다.

   주별로 반복되는 업무를 매뉴얼화하는 것이 한 가지 요령이다.

3. **자신감은 준비에서 나온다** : 자료조사와 수집에 많은 시간을 투자해야 한다. 신문 등을 통해 시사 · 경제 흐름을 파악하는 것도 빼먹지 말아야 한다.

4. **휴식도 업무다** : 매주 한 차례는 낯선 곳을 방문하는 것이 좋다. 스트레스도 풀고 새로운 아이디어를 얻는데 도움된다.

명함관리 노하우

명함 관리 따라 '명암' 바뀐다

건넬 땐 오른손으로 공손히
엑셀 등 이용 곧바로 정리를

"그 사람 연락처 어디에 있더라."

많은 직장인이 하루에도 몇 번씩 이런 상황에 부닥치곤 한다. 책상 서랍 속에 쌓아둔 명함을 뒤지는 데 시간을 허비해 중요한 비즈니스나 약속을 놓치는 경우도 다반사. 이런 일이 반복되면 직장생활의 가장 중요한 부분인 인맥관리에 구멍이 뚫리게 마련이다. 전문가들은 명함 관리만 잘해도 직장생활의 성공 엘리베이터에 올라탈 수 있다고 충고한다. 취업포털 커리어의 이지은 컨설턴트에게 '프로직장인의 명함관리법'을 배워본다.

◆ **명함은 명함지갑에** : 명함은 비즈니스의 기본. 명함을 교환하는 자리에서 자신의 명함을 어디에 뒀는지 몰라 이리저리 찾는 모습

을 보이는 것은 좋지 않다. 명함은 반드시 명함지갑에 넣어 명함을 교환할 때 정갈한 모습을 보여야 한다.

◆ **명함 교환도 예절에 맞춰** : 상대방에게 명함을 줄 때는 오른손에 명함을 쥐고 왼손으로 오른손을 받치며 공손하게 주는 것이 예의. 명함을 받았다면 바로 넣지 말고 찬찬히 읽어보는 것이 좋다. 자리에 앉아 얘기하게 되는 경우에는 명함을 테이블 위에 놓고 이야기를 나눠야 상대방에게 좋은 인상을 줄 수 있다. 특히 상대방이 명함을 갖고 있지 않을 때를 대비해 연락처나 이메일을 적을 수 있는 작은 메모지나 포스트잇을 준비해 두는 센스도 필요하다.

◆ **빈 공간을 활용하라** : 받은 명함에 상대에 대한 메모를 해두는 것도 명함관리 노하우의 하나. 상대방의 성별이나 연령, 스타일, 대화 내용 등을 간단히 기재하면 된다. 포스트잇을 명함 뒷면에 붙여 메모를 기재해도 좋다. 나중에 상대를 다시 만나게 될 때 명함에 기재된 내용을 읽어보고 나가면 많은 도움이 된다.
다만 상대가 보고 있는 자리에서 메모하는 것은 실례이므로 주의해야 한다.

◆ **받은 명함은 바로 정리** : 받은 명함은 즉시 정리하는 것이 좋다. 뒤로 미루고 쌓아두기 시작하면 결국 정리를 포기하게 되는 경우가 많다.

명함관리 프로그램이나 엑셀 등 IT의 도움을 받는 것도 한 가지 방법. 스마트폰이나 인터넷에서 자신에게 맞는 명함관리 프로그램을 찾아 이용하면 보다 편리하게 정리할 수 있다.

◆ 1년에 한 번은 업데이트 : 명함을 버리는 것도 효율적인 명함 관리를 위한 노하우. 최소 1년 단위로 버릴 명함과 챙겨두어야 할 명함을 분류해 보관해야 관리하기 편하다. 필요 없는 명함은 바로 쓰레기통에 버리지 말고 종이상자 같은 곳에 기간별로 쌓아둔다.

승패는
코너에서 갈린다

'그때는 몰랐지만, 애플에서 해고된 것은 지금까지 내게 일어난 일 중 최고였습니다. 그 사건으로 인해 저는 성공이란 중압감에서 벗어나서 초심자의 마음으로 돌아가 자유를 만끽하며, 내 인생의 최고의 창의력을 발휘하는 시기로 갈 수 있게 됐습니다. 이후 5년 동안 저는 '넥스트', '픽사'를 만들고, 그리고 지금 제 아내가 되어준 그녀와 사랑에 빠져버렸습니다.

픽사는 세계 최초의 3D 애니메이션 토이 스토리를 시작으로, 지금은 가장 성공한 애니메이션 제작사가 되었습니다. 세기의 사건으로 평가되는 애플의 넥스트 인수와 저의 애플로 복귀 후, 넥스트 시절 개발했던 기술들은 현재 애플사 르네상스의 중추적인 역할을 하고 있습니다.

또 로렌과 저는 행복한 가정을 꾸리고 있습니다. 애플에서 해고당하지 않았다면, 이런 기쁜 일들 중 어떤 한 가지도 겪을 수 없었을 것입니다. 정말 독하고 쓰디쓴 약이었지만, 이게 필요한 환자도 있는가 봅니다.

때론 인생이 당신의 뒤통수를 때리더라도, 결코 믿음을 잃지 마십시오. 전 반드시 인생에서 해야 할, 제가 사랑하는 일이 있었기에, 반드시 이겨낸다고 확신했습니다.'

세계인들에게 가장 존경받는 경영인으로 꼽히는 애플의 CEO 스티브 잡스가 2005년 스탠포드대 졸업식에서 한 축사의 일부다. 이 축사의 내용처럼 20살 때 친구인 스티브 워즈니악과 함께 애플을 세웠던 잡스는 30살이 되던 해 자신의 회사에서 쫓겨나는 수모를 당했다. 특히 새로 영입한 경영진이 오히려 그를 쫓아내 충격은 더욱 컸다.

잡스는 인생의 초점을 잃어버리고 몇 개월 동안 아무 것도 할 수 없을 정도로 참담한 지경에 빠졌다. 그러나 잡스는 일에 대한 열정을 놓지 않았다. 그러고는 자신의 뇌가 가장 기뻐하는 일이 무엇인지 깨닫기 위해 끊임없이 노력했다. 당장 찾지 못했거나, 잘 모르겠다고 해서 주저앉지 않았고 포기하지도 않았다. 그는 전심을 다하면 반드시 찾을 수 있다고 믿었다.

이후 잡스는 자유를 만끽하며 최고의 창의력을 발휘해 '넥스트', '픽사'를 만들어 화려한 재기에 성공했다.

반면 잡스가 떠난 애플은 흔들리기 시작했다. 1997년 무려 10억

5,000만 달러의 적자를 낸 애플은 파산 직전에까지 몰리는 신세가 됐다. 애플은 서둘러 설립자인 잡스에게 도움을 요청했다. 애플로 멋지게 복귀한 그는 아이맥, 아이팟, 아이폰 등 잇따라 대박을 터뜨렸다. 눈앞에 행운만 가득할 것 같은 나날이 이어졌다.

그것도 잠시. 잡스에게 더 큰 위기가 닥쳤다. 이번에는 단순한 사업실패가 아닌 목숨까지 걸린 일이었다. 2004년 췌장암으로 6개월밖에 살지 못할 것이라는 청천벽력 같은 선고를 받았던 것이다. 그런데 그의 반응은 죽음에 대한 두려움이 아니었다.

그는 한 언론과의 인터뷰에서 "사망 선고는 외부의 기대, 자부심, 실패에 대한 두려움 등을 사라져버리게 했다. 내 인생에서 진정으로 중요한 것을 깨닫게 해줬다"고 밝혔다.

이런 자신감 덕분인지 잡스는 수술을 무사히 마치고 성공한 기업인을 넘어 '우리 시대의 아이콘'으로 우뚝 섰다.

살다보면 누구에게나 예기치 못한 불행이 종종 찾아온다. 잡스처럼 해고를 당하거나 건강이 나빠질 수도 있고 가족을 잃거나 큰돈을 날리는 불운을 겪을 수도 있다. 그러나 '죽으라는 법은 없다'는 말이 있다. 이 말을 달리 표현하면 죽을 만큼 노력하면 불운도 행운으로 바꿀 수 있다는 뜻이 아닐까. 죽음 앞에서도 일에 대한 열정을 접지 않은 잡스처럼 말이다.

동계 올림픽 종목중 쇼트트랙을 보다 보면 재미난 것을 하나 발견할 수 있다. 500미터 경기건 1,000미터 경기건 순위가 바뀌는 것은 대부분 코너라는 점이다. 직선 주로에서의 스피드도 중요하지만 코너워크를 할 때 얼마나 속도를 줄이지 않고 빠르게 빠져나가느냐에서 승패가 갈릴 때가 많다. 그래서 코너워크 기술이 쇼트트랙 승패의 70%를 좌우한다는 이야기까지 나올 정도다. 안현수, 김동성, 전희경 등 코너워크 기술이 뛰어난 우리 선수들이 세계를 제패할 수 있었던 비결이기도 하다.

인생도 비슷하지 않을까. 직선 주로처럼 쭉 뻗은 길에서는 앞서가던 사람이 계속 앞서가게 된다. 그러나 코너라는 위기 상황이 되면 이야기는 달라진다. 쇼트트랙 경기에서 커브를 돌 때 순위가 바뀌듯 인생도 위기가 닥치면 오히려 역전을 노릴 수도 있다. 그래서 '위기가 곧 기회'라는 말도 있지 않은가.

1991년 가을 일본에서 있었던 일이다. 사과 산지로 유명한 아이모리 현에 때 아닌 태풍이 몰아쳐 수확을 앞둔 사과의 무려 90%나 땅에 떨어져 못쓰게 됐다. 한해 사과농사를 망친 마을 사람들은 하늘을 원망하며 자신에게 절망했다.

그런데 이런 상황에서도 포기하지 않은 농부가 있었다. 며칠 밤을 뜬눈으로 고민하던 이 농부는 땅에 떨어지지 않은 사과를 정성스럽게 모으기 시작했다. 강한 바람에 여기저기 생채기가 난 사과가 대부분이라 판매는 불가능할 것처럼 보였다. 괜한 일을 벌인다며 핀잔까지 주는 마을사람이 있을 정도였다.

그래도 이 농부는 모은 사과를 들고 대도시로 향했다. 그러고는 판매를 시작했다. 결과는 대박이었다. 이 농부가 사과에 ‘태풍도 이겨 낸 합격사과’란 상표를 붙여 팔았기 때문이다. 때마침 입시철이라 수험생들이 일반 사과보다 몇 배 비싼 이 ‘합격사과’를 불티나게 샀다. 특히 ‘엄청난 태풍의 위력을 이겨낸 사과를 먹으면 모든 일이 술술 풀린다’는 소문까지 더해지면서, 매출은 예년에 비해 오히려 150%나 늘어났다.

잡스에게 해고가 좋은 약이 된 것처럼 90%의 절망보다는 10%의 희망을 믿은 이 농부에게는 태풍이 대박을 가져다준 보약이 된 셈이다.

‘하루하루를 인생의 마지막 날처럼 산다면, 언젠가는 바른 길에 서 있을 것이다.’

잡스는 17살 때 이 글을 읽고 33년 동안 매일 아침 거울을 보면서 자신에게 이렇게 물었다고 한다. “오늘이 내 인생의 마지막 날이라면, 지금 하려고 하는 일을 할 것인가?”라고. 그는 인생의 중요한 순간마다 ‘곧 죽을지도 모른다’는 사실을 되새겼다고 한다.

인생이 뒤통수를 치는 순간이 오더라도 이런 절실한 절박감만 있다면 위기는 결코 절망적인 시간이 아니다. 직선에서 더욱 빠르게 내달릴 기회를 가져다주는 행운의 시간이 될 수 있다.

위기마다 아이디어
승부수 적중

(메트로신문 2010년 8월 17일자)

"지인들의 도움을 받아 야심 차게 사업을 시작했지만 1년 반이 채 지나기도 전에 통장 잔고가 바닥을 드러냈습니다. 회사를 살리기 위해 갖은 방법을 다 써봤지만 점점 늪에 빠져드는 느낌이었죠. 사업을 접을 생각마저 했으니까요. 며칠 밤을 꼴딱 새우며 고민하던 중 우연히 케이블TV 가요프로에서 휴대전화 문자로 신청곡과 응원 메시지를 받는 장면을 봤습니다. '이거다'하는 생각이 들어 바로 서비스에 접목시켰죠. 반응이 폭발적이었습니다."

번뜩이는 사업 아이디어를 어떻게 얻느냐는 질문에 인공채팅프로그램 '심심이' 개발자로 유명한 최정회(36) 이즈메이커 대표는 창업 초기 어려웠던 시절 이야기부터 풀어놓았다. '궁하면 통한다'는 옛말처럼 아무리 머리를 쥐어짜도 풀리지 않던 문제도 포기하지 않고 새다른 각도에서 바라보면 의외로 쉽게 해결된다는 설명이다. 심심이를 처음 생각해낸 것도 첫 번째 창업이 실패한 덕분이란다.

"병역특례를 마치고 복학 대신 짧은 기간 동안 할 수 있는 장사 아이템을 고민하던 중 무더운 여름에 유용한 모시 이불이 눈에 들어왔습니다. 원료를 사다가 어머니에게 제작을 부탁해 만든 상품을 옥션 등에 올려 판매하기 시작했죠. 열심히 홍보했지만 한 달 동안 팔린 것은 달랑 4개에 불과했습니다. '왜 실패했을까'를 분석하던 중 메신저 서비스가 훌륭한 홍보수단이 될 수 있다는 것을 문득 깨닫게 된 거죠."

최 대표는 복학도 미룬 채 MSN 메신저에서 친구추가를 하면 컴퓨터와 대화를 나눌 수 있는 '봇 시스템' 개발에 착수했다. 이 시스템을 통해 모시이불을 홍보하겠다는 발상이었다. 그런데 시험 가동 중 네티즌들이 컴퓨터와의 대화에도 많은 관심을 보인다는 사실을 발견했다. 예를 들어 '심심아 심심해'라고 대화를 날릴 때 '심심이랑 놀아요'라고 컴퓨터가 간단한 대답만 해줘도 네티즌은 즐거워했다. 이런 우여곡절을 거쳐 2002년 심심이가 탄생했다.

"1년여 만에 100만 등록자를 돌파할 정도로 심심이가 인기를 끌자 여기저기에서 투자 제의가 들어왔습니다. 하지만 온라인 서비스만 가지고는 매출이 거의 발생하지 않았죠. 그러다 돌파구를 찾은 것이 휴대전화 문자를 이용하는 심심이 서비스였습니다."

독특한 아이디어로 난관 돌파

모바일 심심이가 돈을 벌기 시작하며 사업이 안정 궤도에 진입하는가 했는데 또 다른 난관에 봉착했다. 서비스를 대행하던 대기업과 상표권 분쟁이 발생한 것이다. 모바일 심심이를 '틈틈이'로 이름을 바꿔 서비스할 수밖에 없는 상황에까지 처했다. 최 대표는 아예 심심이를 진화시킨 모바일 정보검색 서비스인 '지식맨'으로 승부수를 던졌다. 궁금한 내용을 문자로 보내면 3분 내 네티즌들이 답변을  찾아 문자로 보내주는 방식이다. 이 서비스가 최 대표의 캐시카우가 된 것은 물론이다.

이후에도 최 대표는 비즈니스 환경이 거칠어질 때마다 모바일 메신저 자동 응답 서비스인 '라이브에이전트', 아이폰용 터치 게임인 '심심이 츄츄' 등 독특한 아이디어를 잇따라 선보이며 벤처 신화를 써 나가고 있다.

최 대표는 예비 창업자들을 위한 조언도 빼먹지 않았다.

"처음부터 크게 벌이지 말고 한 달짜리 미니 창업에 도전해보는

것이 바람직합니다. 100만 원 정도의 부담 없는 돈으로 한 달 동안 제품·서비스 개발부터 판매 완료까지 경험해보는 거죠. 이런 과정을 한두 번 거치고 나면 사업에 대한 감이 생기는 것은 물론 좋은 사업 아이디어도 생각해 낼 수 있답니다. 모시이불을 팔다 심심이를 생각해낸 저처럼 말이죠."

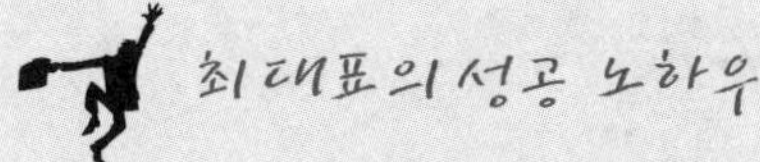

1. **미니 창업에 도전하라** : 본격적인 창업에 나서기 전 100만 원의 비
   용과 한 달 정도의 시간을 버리는 셈 치고 사업을 미리 체험해보는
   것이 바람직하다. 실제로 하려는 사업 아이템과 관련 없어도 일단
   도전해보면 사업적 감각을 키울 수 있다.

2. **걸림돌이 나오면 우회로를 찾아라** : 아무리 노력해도 풀리지 않던
   수학문제가 잠을 한숨 자고 나면 저절로 풀리는 경험을 해본 사람
   이 많을 것이다. 직장이나 사업상의 어려움도 한발 떨어져 바라보
   면 생각보다 쉽게 해결될 수 있다.

3. **다양한 매체에서 아이디어를 얻어라** : 신문과 책은 물론 영화, TV,
   노래, 춤, 전시회 등 아이디어 창고는 무궁무진하다. 얼마나 치열하
   게 고민하느냐에 따라 아이디어가 될 수도 있고 그냥 평범한 생각
   으로 전락할 수도 있다.

4. **트렌드가 돈이다** : 사람들이 어떻게 노는 지만 잘 관찰해도 트렌드
   가 보인다. 치열히 생각하면 비즈니스 기회는 얼마든지 있다.

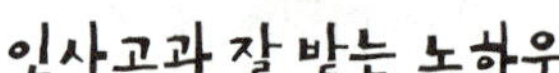

인사고과 잘 받는 노하우

업무 내용 기록 …상사 코드 맞춰라

지시받은 사항 '꼼꼼히'
야단맞을 때 변명 말라

"인사고과 잘 받으려면 어떻게 해야 할까." 최근 대부분의 기업이 연봉제를 도입하면서 이런 고민을 하는 직장인이 늘어나고 있다. 성실히 일하고 업무 성과도 높지만 매년 연봉 협상에서는 마음에 드는 결과를 얻지 못하기 때문. 전문가들은 연봉협상에 큰 영향을 미치는 인사고과도 잘 받는 노하우가 따로 있다고 충고한다. 인사고과 시즌이 임박해 벼락치기로 관리하는 것이 아니라 미리 준비해야 한다는 설명. 온라인 취업사이트 사람인 이정근 대표의 도움을 받아 '인사고과 잘 받는 비법'을 알아본다.

◆ 업무 다이어리를 작성한다 : 바쁜 직장인일수록 평소 자신의 업무를 철저히 관리하는 것이 중요하다. 상사가 업무 진행 상황을 물

어왔을 때 정확하게 대답할 수 있어 신뢰를 쌓는 데 효과적이기 때문. 특히 연봉협상기간에는 소중한 '무기'로도 활용될 수 있다. 상사로부터 지시받은 사항을 중심으로 내용·성과·실적·이메일 등을 꼼꼼히 기록해 놓으면 협상에서 유리한 고지를 차지할 수 있다.

◆ **최대한 긍정적인 자세로** : 살아남기 위해서 변화하는 것은 이제 선택이 아닌 필수. 기업에서는 시시각각 변화하는 환경 속에서 도태되지 않기 위해 사원에게 새로운 과제를 부여하곤 한다. 따라서 새로운 업무나 혁신에 대해 거부감을 갖는 사람은 도태되기 마련. 회사 생활에서 변화의 수용도가 높은 사람이 그렇지 않은 사람에 비해 인사 고과에서 높은 점수를 받는 것은 당연하다.

◆ **상사와 코드를 맞춰라** : 일반적으로 인사 평가를 상사가 '주는 것'이라고 생각하지만 사실은 자신이 노력한 만큼 상사로부터 '받아내는' 것이다. 따라서 인사평가를 잘 받기 위해서는 상사와의 코드를 맞추는 것이 중요하다.
단순히 아부하는 것이 아니라 상사의 업무 스타일이나 보고 방식에 맞추는 노력이 필요하다. 평소 상사의 행동에 대한 주의 깊은 관찰이 필요하고 모를 때는 물어보는 것이 낫다.

◆ **야단맞는 요령도 익혀라** : 선배·상사로부터 야단을 맞게 될 경우

변명을 하지 않는 것이 좋다. '그렇지만' '하지만' 등의 변명은 상사를 더 화나게 할 뿐이다.

설령 자신의 실수가 아니더라도 상대를 불쾌하게 하는 것은 금물. 상황이 종료된 후에도 계속 얼굴을 보며 일해야 하는 상사라는 사실에는 변함이 없기 때문이다.

◆ 문제 제기는 비밀리에 : 상사가 틀렸다고 하더라도 그 자리에서 문제를 제기하거나 잘못된 점을 지적하는 것은 옳지 않다. 상사의 권위에 도전한다고 받아들일 수 있기 때문. 특히 회사 정책이나 상사에 대해 공개적으로 문제를 제기하는 것은 자제해야 한다. 만약 상사로부터 부당한 지시를 받았다고 하더라도 그 자리에서는 일단 "예 알겠습니다"하고 나중에 개인적으로 자리를 마련해 말하는 편이 좋다. 단 대안 없는 문제 제기는 '불평'으로 비칠 수 있으므로 반드시 여러 유형의 대안을 마련하는 것이 필요하다.

하늘은 포기하지 않는 자를 돕는다

어느 날 TV 다큐멘터리를 볼 때 일이다. 아프리카 동부 케냐와 탄자니아에 걸친 초원에서 사는 마사이족의 일상을 밀착 취재한 프로그램이었는데 독특한 장면 하나가 유독 눈길을 끌었다.

아프리카에 사는 다른 부족들과 마찬가지로 유목 생활을 주로 하는 마사이 족에게도 물은 생명수와 같다. 비가 오지 않는 날이 오래 계속되면 기르던 가축들이 모두 말라죽게 되고 마사이족 자신들의 생명도 위협받기 때문이다. 그래서 가뭄이라도 들면 마사이 족 전체에 비상이 걸린다. 다른 부족들과 마찬가지로 하늘에 대고 비를 내리게 해달라고 비는 기우제도 지낸다. 그런데 마사이족들은 비가 오지 않는 것을 크게 걱정하진 않는다고 한다. 자신들이 기우제를 지내면 반드시 비가 온다고 믿기 때문이다. 실제로도 마사이족이 기우제를 지내서 비가 오지 않은 적이 없었다고 한다. 이들에게 비를 인위적으로 내리게 하는 인공강우 기술이 있는 것도 아닐 텐데 어떻게 이 같은 일이 가능할까.

다큐멘터리를 통해 공개된 마사이족의 비법은 다름 아닌 끈질긴 열정이다. 기우제를 지내다 지쳐 포기하고 마는 다른 부족과는 달리 마사이족은 비가 올 때까지 일주일이고 한 달이고 하늘에 대고 비를 내려달라고 끊임없이 기도한다고 한다. 마치 하늘의 고집이 이기나 자신들의 끈기가 이기나 시합하는 것처럼 말이다. 결국 승부에서 이기는 쪽은 마사이족이라는 이야기다.

아프리카에 사는 사람들만의 대단한 비법이라도 있을 것으로 생각했었는데 TV를 통해 공개된 마사이족의 방법은 참으로 단순하다. 과학적인 근거도 없이 무작정 기도에만 매달리는 모습을 상상하면 한편으로는 한숨마저 나오기도 한다. 어쩌면 "그게 어떻게 비법이 되냐"고 되묻는 사람도 많을 법하다.

그런데 잠시 숨을 멈추고 가만히 생각해보면 마사이족의 비법은 소름 끼치도록 무섭다. 결코 실패할 수 없는 방법이기 때문이다. 영원히 비가 내리지 않는 것은 불가능하지 않은가. 게다가 자신들이 믿는 것에 대한 확고한 신념 없이는 도전하기조차 어려운 비법이기도 하다. 하루 이틀 길어야 일주일 정도는 하늘에 대고 기도할 법도 하지만 언제 이뤄질지도 모를 일을 포기하지 않고 한 달이 넘게 한다는 것이 웬만한 사람들이라면 엄두도 못 낼 일이다. 특히 '작심삼일'이라는 핑계

거리를 입에 달고 사는 사람들에게는 마사이족의 이 같은 열정이 존경스럽기까지 할 터이다.

그런데 마사이족보다 더 열정적이고 무서운(?) 할머니가 등장했다. 무려 960번 도전 끝에 운전면허증을 딴 것으로 유명한 차사순 할머니(69 · 전북 완주군)가 그 주인공이다.

차 할머니가 운전면허에 도전한 이유는 간단하다. 전주 중앙시장에서 야채를 파는 차 할머니는 생업을 위해서 운전면허가 꼭 필요하다고 생각했다고 한다. 늦은 나이라고 말리는 사람도 많았지만 차 할머니의 열정을 꺾지는 못했다. 2005년 4월13일 첫 운전면허 필기시험에 낙방한 이후 차 할머니는 주말과 국경일을 제외하고 거의 매일 운전면허시험장을 찾았다. 열심히 공부했지만 차 할머니의 점수는 2종 보통면허 합격선인 60점에 못 미치는 30~50점을 좀처럼 벗어나질 못했다. 이를 안타깝게 생각한 학원에서 일대일 수업까지 공짜로 해 줬지만 합격의 영광은 멀기만 했다.

그래도 차 할머니는 포기하지 않았다. 합격하려고 그동안 들인 인지대(1회 6,000원)가 무려 500만 원이 넘어섰지만 차 할머니의 발걸음은 여전히 운전면허시험장으로 향했다. 시험장과 운전학원을 오가는 버스비와 식비 등을 합치면 운전면허를 위해 들어간 돈이 얼추 2,000만 원이나 될 정도였다.

영원히 불가능할 것 같은 차 할머니의 운전면허 필기 합격은 무려 950번 만에 이뤄졌다. 물론 이 같은 응시 횟수는 전국의 운전면허시험장이 문을 연 뒤 최다다.

차 할머니의 도전은 여기서 끝이 아니었다. 기능시험과 도로주행 시험에서도 각각 다섯 번씩 떨어졌다. 그러니까 960번의 도전 끝에 꿈을 이룬 것이다.

차 할머니는 한 언론과의 인터뷰에서 합격 소감을 이렇게 남겼다.

"공부도 그렇고 뭐든지 중간에 하다 말면 모르는 채로 끝나잖아요. 학교나 학원도 다니다 말면 소용없고. 사람들이 자꾸 나한테 어떻게 계속했느냐고 묻는데 거 참…. 끝까지 나는 했다, 이렇게 말하고 싶어요."

차 할머니의 스토리는 뉴욕 타임스와 로이터 통신 등을 통해 해외에까지 널리 알려졌다. 현대자동차그룹 '달리는 당신을 사랑합니다' 캠페인 광고의 주인공으로 발탁돼 방송도 탔다. 캠페인사이트에 한 달간 매일 달린 댓글이 100개를 넘으면 현대자동차그룹이 할머니에게 자동차를 선물하겠다고 나서자 네티즌들도 "차사순 할머니는 할머니가 아닌, 꿈을 포기하지 않는 세상에서 가장 아름다운 여인입니다" "매일 힘들다고 투덜대고, 중간에 포기했던 저 자신을 반성하는 계기가 됐어요" 등의 찬사를 쏟아냈다. 결국, 할머니의 기적 같은 열정은 멋진 자동차로 되돌아왔다.

요즘 주변에는 술에 술탄 듯, 물에 물 탄 듯한 미지근한 삶을 사는 사람들이 자주 보인다. 이들은 모든 것에 쉽게 도전했다가 쉽게 포기하곤 한다. 일도 대충대충, 얼굴에는 웃음도 없고 목소리도 다 죽어간다. 걸음걸이조차 어기적어기적 거리기 십상이다. 마치 '후천성면역결핍증'인 에이즈보다 무섭다는 '후천성열정결핍증'에 걸린 사람들처럼 말이다. 그래서 노력도 안 하고 실패도 밥 먹듯이 한다.

'하늘은 스스로 돕는 자를 돕는다'라는 속담을 거론하며 격려해 봐도 자신들과 상관없다고 치부해 버리기 일쑤다. 노력해봤자 하늘이 절대 자신을 도울 일이 없고 하늘이 도와줘도 결국 실패할 것이라고 하소연하기까지 한다. "그냥 이대로 내버려 둬"라고 항변하면서 말이다.

그러니 마사이족이나 차사순 할머니의 끈질긴 열정도 '후천성열정결핍증' 환자들에게는 딴 나라 이야기일지도 모르겠다. 그런데 이들이 하나만 알고 모르는 게 있다. 하늘은 스스로 돕는 자를 돕는 게 아니다. 포기할 줄 모르고 달려드는 자들에게 결국 백기를 들 뿐이다. 마사이족, 차사순 할머니에게 두 손 두 발 들고 패배를 인정했듯이 말이다.

이젠 속담도 이렇게 바뀌어야 하지 않을까.

'하늘은 포기하지 않는 자를 돕는다.'

'나만의 별' 잃지 말아야 빛 본다

(메트로신문 2010년 4월 13일자)

세계적인 우주물리학자인 스티브 호킹에 매료된 한 고등학생이 있었다. 매일 밤 우주로 항해하는 꿈을 키운 그는 좋아하는 취미를 본격적으로 공부하고 싶어 연세대 천문우주학과에 진학했다. 그런데 얼마 지나지 않아 우주보다 더 재미난 '신천지'를 발견했다. 빛보다 빠른 속도로 사람과 정보를 연결해주는 '인터넷'의 마력에 마음을 온통 빼앗겼다. 결국 3학년 때 학업을 멈추고 본격적으로 인터넷 세계를 탐험하기 시작했다.

취업인사포털 인크루트를 이끌고 있는 '선장' 이광석(37) 대표는 마이크로소프트의 빌 게이츠나 델컴퓨터의 마이클 델처럼 대학졸업장이 없다. '스펙전쟁'이란 용어가 난무하는 취업시장 최전선에 서 있으면서도 '그냥 졸업할 걸'하는 후회는 한 번도 없었다. 대학공부보다 더 재밌는 일이 그의 앞에 있었기 때문이란다.

"대학교 2학년 때 미국에 유학 중인 친구가 알려줘 이메일 주소를 처음 만들었습니다. 비행기로 13시간 이상 걸리는 거리에 떨어져 있는 친구의 편지를 1분여 만에 받았을 때 전율할 정도로 흥분했죠. 이때부터 어떻게 하면 인터넷을 더욱 즐겁게 해볼까 생각하다 보니 자연스럽게 창업의 길로 접어들었습니다."

이 대표가 가장 먼저 시작한 사업은 같은 유형의 인터넷 사이트를 손쉽게 찾을 수 있도록 도와주는 디렉터리 검색서비스 'ZIP'. 네이버나 야후코리아보다 6~8개월 빠른 1997년 3월 네티즌에 선보였다. 동호회원들과 밤잠을 설쳐가며 개발한 덕분에 한때 미국 웹 검색사이트에서 핫사이트에 선정될 정도로 인기도 끌었다. 그러나 얼마 지나지 않아 같이 활동하던 동호회원들이 삼성SDS의 사내 벤처인 '네이버'로 스카우트되는 시련을 겪는다. 방황하는 그를 다시 일으킨 것은 한 통의 전화였다.

"전화기 너머로 '지금 사람들의 가장 큰 관심사가 뭔지 알아? 바로 일자리야'라는 친구의 목소리가 들렸습니다. 순간 머리 속이 환해지며 빛이 보이기 시작했죠. IMF 직후라 일과 사람을 연결하는 시스템만 만들면 무조건 성공할 거라는 판단이 들었습니다."

'실업대란' '고용한파' 등으로 온 나라가 혼란스럽던 1998년, 국내 최초 온라인채용시스템 인크루트는 이렇게 탄생했다.

"나만의 북극성을 찾아라"

창업은 했지만 난관은 계속됐다. 자금유치, 수익모델 확보, 인재관리 등 곳곳에 암초가 존재했다. 그런데 며칠씩 밤을 꼴딱 새우는 힘든 일정이 반복됐지만 전혀 피곤한 줄 몰랐다.

"아침에 눈을 뜨면 '오늘은 또 무슨 일을 할까' 하는 생각에 마음이 설레기까지 했습니다. 마치 좋아하는 애인은 만나러 가기 전 심정이랄까요. 때론 두려움도 있었지만 하루하루 열정을 가지고 살다 보니 뜻밖의 도움이 이어지면서 오늘까지 오게 된 것 같습니다."

'뜻밖의 도움'에 대한 설명을 부탁하니 재미있는 대답이 돌아왔다. 우선 취업사이트 아이디어를 처음 제안했던 친구를 2007년 '인생과 사업의 동반자'인 아내로 맞이한 행운이 그것이란다. 또 사업 초기 운영자금을 구하지 못한 어려움을 인터넷채팅 사이트에 털어놓았더니 이를 본 미국인으로부터 투자유치를 받은 경험도 있다고 한다. 이런 행운이 어떻게 생길 수 있었을까.

"하고 싶은 것을 하겠다는 목표를 확실히 갖는다면 밤하늘의 '북극성'처럼 언제나 방향을 알려

주는 무엇인가가 생겨납니다. 열정을 갖고 나만의 '북극성'을 향해서 전진하다 보면 전혀 기대하지 않은 곳에서 도움을 받게 되죠. 구직을 생각하건 창업을 고려하건 '자신만의 별'을 마음속에서 잃지 않는다면 저와 같은 소중한 경험을 반드시 할 수 있답니다."

'낯선 곳에 나를 내려놓으면 발전할 수 있다'라고 믿는 이 대표의 우주선은 한 치 앞을 내다보기 힘든 어둠 속에서도 '성공'이라는 별을 향해 멋진 항해를 지속하고 있다.

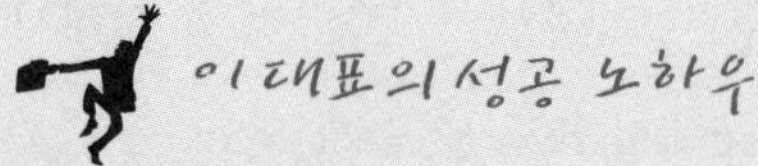

1. **두려움을 없애라** : 상대방이 나이가 많건 혹은 적대적인 감정을 가지고 있건 간에 자신감을 가지고 대하는 것이 중요하다. 오늘은 도움을 요청할지 모르지만 내일은 오히려 도움을 줄 수도 있다는 생각을 가지면 보다 수월하다.

2. **넓은 인맥을 쌓아라** : 중요한 도움은 가까운 지인보다는 오히려 관계가 소원한 사람에게 받는 경우가 많다. 만나는 사람마다 관심사 등을 파악해 기억한다면 훗날 든든한 자산이 될 수 있다.

3. **트렌드에 주목하라** : 최근 스마트폰 열풍 등 사회의 변화에 민감하게 반응해야 한다. 변화의 소용돌이 속에 틈새시장이 생긴다는 점을 명심한다면 기회는 생각보다 쉽게 만날 수 있다.

4. **북극성같은 목표를 세워라** : 목표가 있는 사람과 목표가 없는 사람은 눈빛부터 다르다. 명확한 목표를 세운다면 이미 성공의 길로 들어섰다고 봐도 된다.

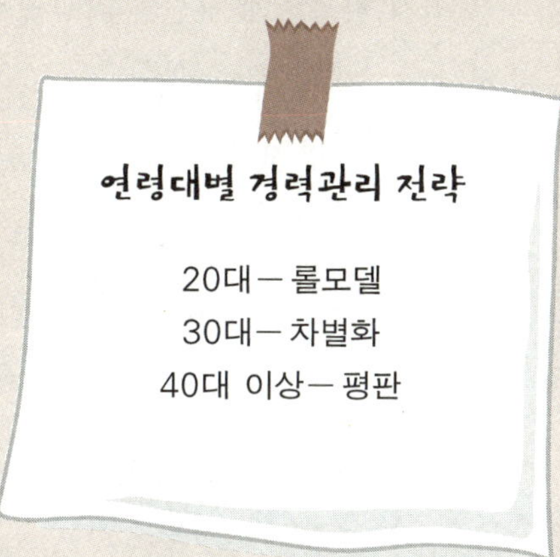

"극심한 불황기, 어떻게 살아남나."

요즘 직장인들의 마음은 한겨울 추위보다도 싸늘하다. 여기저기서 구조조정·연봉삭감 등 살벌한 소식이 들려오기 때문. 그렇다고 불안에 떨고 있을 수만은 없는 일. 이럴 때일수록 바짝 정신을 차리고 경력관리에 허점이 없는지 스스로 점검해야 한다고 전문가들은 충고한다. 온라인 취업사이트 사람인 임민욱 컨설턴트의 도움을 받아 '불황기 연령대별 경력관리 전략'을 알아본다.

◆ **20대 "롤모델을 찾아라"** : 자신이 설정한 목표에 이미 도달했다고 생각되는 사람을 모델로 삼아 벤치마킹을 하는 것이 유용한 시기다. 가까운 선배나 직장 내 상사 중에 마음에 드는 롤모델이 없

다면 책이나 매체를 통해서 만나는 사람도 상관없다. 해당 인물의 능력과 성품 등을 각각 항목화해 자신과 비교해보면 어떤 점을 보완해야 하는지 한눈에 파악할 수 있다.

경력기술서도 주기적으로 업데이트하는 것이 바람직하다. 이직을 앞두고 갑작스럽게 작성하다 보면 한두 개씩 빼먹기 마련이기 때문. 완료한 프로젝트, 취득한 자격증, 업무 관련교육 수료 등을 꼼꼼히 정리하다 보면 자신에게 부족한 점이 무엇인지 바로 확인할 수 있다.

◆ 30대 "자신만의 브랜드를 만들어라" : 남들과 차별화된 나만의 무기를 개발해 브랜드화하는 것이 필요한 시기다. 업무 · 외국어 · 인맥관리 등 다른 사람보다 뛰어난 자신만의 재능을 다른 사람에게 각인시키는 노력이 필요하다는 얘기다. 예를 들어 회사 내에서 '마당발 : 김대리'라는 말이 자연스럽게 튀어나올 수 있도록 동종업계에 근무하는 선후배와는 물론 이전 직장 동료들과도 꾸준하게 연락을 취하는 것이 바람직하다.

이 시기에는 다년간의 직장생활을 통한 능숙한 업무 스킬을 기반으로 새로운 업무에 눈을 돌리는 것도 고려해봐야 한다. 이때 새로운 전문분야를 넘보는 것이 아니라 현재 근무하고 있는 분야에서 세부적으로 나뉘는 하위분야의 전문영역을 선택해 도전하는 것이 좋다.

◆ 40대 이상 "평판관리에 신경 써라": 관리자의 입장인 만큼 자신의 평판에 대해 본격적으로 관리해야 할 때다. 그저 '사람 좋은' 상사보다 구성원들을 잘 챙기고 '리더십 있는 인재'라는 평판을 받을 수 있도록 자기관리에 힘써야 한다. 이때 일을 추진하는 능력도 중요하지만 부하직원의 의견을 포용해주고 잠재력을 개발해주는 '코치형 리더십'이 바람직하다.

나이가 많아지고, 직급이 올라갈수록 변화에 둔감해지는 경향이 있다. 항상 업계의 최신정보와 경영 트렌드에 촉각을 세워야 한다는 얘기다.

자기계발에도 더욱 신경 써야 한다. 글로벌 시대에 맞는 국제적인 감각과 어학능력을 익히고 컴퓨터 등 디지털 능력을 키우는 데도 소홀해서는 안 된다.

공짜도
팔아먹어라

대동강 물을 팔아먹었다는 봉이 김선달 이야기를 모르는 사람은 없을 것이다. 익히 알고 있다시피 김선달은 그 누구도 소유권이 없는, 당시는 왕조사회였기 때문에 임금에게만 팔 권리가 있는 대동강 물에 대한 판매 권리를 한양 양반에게 당시 돈으로 황소 60마리에 해당하는 4,000냥이라는 거금에 넘겼다. 이를 위해 영화 '스팅'에 버금가는 놀라운 작전을 마을 사람들과 꾸몄다. 원래 돈을 내고 물을 길어갔던 것처럼 꾸미고 양반 앞에서 '쇼'를 하기도 했다.

덕분에 꼼짝없이 속은 양반은 다른 사람에게 대동강 물 판매권이 넘어갈까 노심초사하며 김선달에게 매달리기까지 했다. 김선달은 마치 손해 보는 장사를 하는듯한 아쉬운 제스처까지 취하며 속이는 것을 양반이 알아채지 못하게 했다.

물론 사람을 속였다는 것은 지탄받아 마땅하나 비즈니스적으로 생각하면 김선달은 오히려 선각자라는 생각이 들 때도 있다. 김선달이 생존했을 당시는 물론, 불과 10년 전만 해도 물을 사 먹는다는 것은 거의 상상도 못했을 일이었다. 중동국가에서는 물이 기름보다 귀하게 팔린다는 이야기가 옛날 교과서에 실릴 정도였으니까 말이다. 그러나 현재 물을 판매하는 생수 산업은 6,000억 원(2010년 추정치) 규모에 육박할 정도로 급성장하고 있다. 이는 국내 커피시장 규모와 맞먹는 엄청난 것이다. 이런 '물 사업'을 300여 년 전에 했으니 김선달은 시대를 앞서 가도 한참 앞서 간 '기인'이었던 셈이다.

몇 년 전부터 인터넷 세상에는 김선달 못지않은 기인이 등장해 화제가 되고 있다. 바로 세계 최대의 검색기업 구글이 그 주인공이다. 대동강의 물처럼 누구나 쉽게 얻을 수 있는 정보(콘텐츠)를 잘 가공한 것만으로 구글은 엄청난 돈을 쓸어 담고 있다.

2008년에만 구글이 올린 수익은 미국의 5개 방송사(CBS, NBC, ABC, FOX, CW)의 광고수입을 합한 것과 맞먹을 정도다. 게다가 구글은 전 세계 온라인 광고 시장의 40%를 독식하고 있으며 미국 전체 인터넷 검색의 3분의 2, 전 세계의 70%를 장악하고 있다. 게다가 301억 달러(약 35조 원·2010년 1분기 기준)라는 엄청난 현금을 쌓아두고 있다.

다른 기업들이 보면 구글의 이런 성공은 정말 억울할 만도 하다. 김선달처럼 자신이 직접 만든 것은 거의 없는데도 그야말로 어마어마한 부를 축적했기 때문이다.

도대체 김선달과 같은 이런 일을 구글은 이떻게 해냈을까. 성공한 많은 기업들도 그러하겠지만 구글은 고객인 네티즌과의 신뢰를 목숨보다 더 중요하게 생각했다. 네티즌에게 대부분 서비스를 무료로 제공했지만 결코 공짜를 이용한다는 생각이 들지 않을 정도로 높은 품질의 제품을 서비스했다. '싼 게 비지떡'이란 통념을 과감히 깨버린 것이다.

가장 대표적인 것이 구글의 초기화면이다. 초기화면은 돈벌이가 가장 많이 되는 공간이다. 그래서 대부분 사이트는 네티즌들이 불편을 느끼건 말건 광고와 동영상으로 도배하곤 한다.

그러나 구글의 초기화면은 과도하다고 느낄 만큼 간단하다. 처음 접하는 사람은 아직 페이지가 다 열리지 않았다고 착각할 정도다.

또 기존의 포털이 네티즌들을 머물도록 하기 위해 갖은 방법, 때로는 속임수까지 동원하는 동안 구글은 네티즌이 되도록 빨리 구글에서 벗어나 찾는 검색 목적지로 가도록 도와준다. '최고의 검색엔진 개발'을 목표로 하는 업체답게 네티즌이 검색결과를 빠르게 찾는데 걸림돌이 되는 일은 결코 하지 않는다는 이야기다. 그래서 네티즌들은 색다름을 느끼고 구글을 신뢰하게 된다.

게다가 구글의 검색결과는 타의 추종을 불허한다. 'I googled it'이 네티즌 사이에서 인터넷에서 검색했다는 표현으로 사용될 정도다. 이것뿐만이 아니다. 최대 수십만 원씩은 주고 사야 하는 OS(운영체제)나 오피스프로그램도 공짜로 제공한다.

구글 수입의 97%를 차지하는 광고 전략도 다른 기업들과는 확연히 차이 난다. 대부분의 인터넷 검색 사이트는 돈을 벌어주는 광고를 더 먼저, 더 좋은 위치에, 더 자극적으로 노출해 왔다. 그러나 구글은 네티즌이 검색결과를 확인하는 데 지장이 없도록 화면 우측에 광고를 배치한다. 상단에 배치한 광고 역시 별도 박스로 구분해 한두 줄만 노출한다. '애드워즈'라는 프로그램을 통해 광고를 입찰하고 네티즌이 클릭한 광고만큼만 광고비를 받아간다. 특히 광고 품질까지 자동 알고리즘으로 평가해, 평판이 나쁜 광고 사이트는 노출되지 못하도록 하고 있다.

더구나 많은 수입을 네티즌들과 나누고 있다. 블로그 등에 설치한 '애드센스'라는 프로그램을 통해 들어온 광고 수입 중 20%만 자기 주머니에 넣고 나머지는 네티즌에게 돌려주고 있다. 이 액수가 매일 4,000만 달러(2008년 기준)에 달할 정도다.

인터넷에 널려 있는 공짜 정보를 '금'으로 만들기 위해 구글은 온갖 노력을 다하고 있는 셈이다. 구글의 이런 노력 속에는 엄청난 비밀이 한 가지 숨어 있다. 네티즌도 모르게 네티즌의 힘을 이용하고 있다는 점이다.

대표적인 사례로 구글이 차세대 먹을거리로 준비 중인 디지털도서관 프로젝트를 들 수 있다. 전 세계의 모든 도서를 디지털화하겠다는 야심찬 이 프로젝트는 '크라우드소싱(Crowdsourcing)'이라는 독특한 기법을 통해 진행 중이다. 군중(crowd)과 아웃소싱(outsourcing)의 합성어인 이 용어는 한마디로 전문가들이 아닌 평범한 대중의 힘을 빌리는 전략을 뜻한다.

새로운 사이트에 가입할 때 무분별한 이메일 자동수집 등을 방지하기 위해 흐릿하게 보이는 알파벳을 빈칸에 제대로 쓰라는 요청을 받은 경험이 한 번쯤 있을 것이다. 대부분 별 생각없이 알파벳을 입력하는데 여기에 숨은 비밀이 있다. 이 방식은 구글의 '캡차(Captcha)프로그램'으로 오래된 책 가운데 글자가 흐릿해진 것을 복원하는 작업이다. 이런 방식으로 구글은 하루에 2,000만 건에 달하는 단어를 무료로 해독한다고 한다. 네티즌의 노동력을 그야말로 아무도 알아채지 못하게 이용하고 있는 셈이다.

구글의 사내 문화에도 다른 기업과는 다른 비밀이 숨겨져 있다. 구글의 직원들은 1주일에 하루는 상사의 지시가 아닌 무엇이든 자신이 좋아하는 프로젝트를 해야 한다. 업무시간의 20%는 한마디로 자신을 즐겁게 만들 일을 하라는 의미다. 이렇게 해도 업무가 될까 걱정스럽기도 하지만 구글이 지금까지 보여준 놀라운 서비스의 40% 정도가 이 프로그램에 의해 탄생했다고 한다. 네티즌이 자신도 모르게 구글을 위해 일하는 것처럼 구글의 직원들도 놀면서 회사를 위해 열심히 일하고 있었던 셈이다.

물론 이같은 사실에 대해 '대동강물을 팔아먹은 김선달처럼 사람들을 속인 것이 아니냐'라고 비난할 수도 있다. 그러나 김선달이 판매수익 대부분을 서민들에게 나눠줬던 것처럼 구글도 네티즌과 직원에게 최고의 서비스를 제공하는 것으로 보상하고 있다. 그래서 구글의 이런 사업 방식에 대해 불평불만을 드러내는 네티즌은 거의 없다. 그야말로 구글도 좋고 네티즌도 좋은 '윈윈전략'이 제대로 먹히고 있다는 이야기다.

공짜도 잘만 포장하면 돈이 된다는 생각. 성공은 바로 이런 발상의 전환에서 출발하는지도 모르겠다.

'옷걸이 독서대'도
패션 산물이죠

(메트로신문 2010년 5월 18일자)

인사와 함께 내미는 빨간 봉투를 펴니 붉은색 명함이 나온다. 'passion design'이란 회사 마크와 'passion designer'란 하얀 글씨에 한동안 눈길을 빼앗기다 뒤로 넘겨보면 '초우량 기업의 조건'이란 책으로 국내에도 잘 알려진 경영컨설턴트인 톰 피터스 박사의 얼굴이 들어 있다. 2008년 코리아 디자인 포럼에서 만나 직접 들었다는 문구도 쓰여 있다. 봉투 안에 같이 들어 있는 두 장짜리 A4 용지를 펴보면 '프로필 및 강연안내'란 제목과 함께 열정 넘치는 삶의 결과물이 가득하다.

옛 마포구청 자리에 있는 서울시 청년창업센터에서 만난 '1인 기업' 패션 디자인 염지홍(29) 대표는 이처럼 인사부터 색달랐다. 도대체 '패션 디자이너'란 무엇일까

"대학생 때 톰 피터스의 '내 이름은 브랜드다'란 책을 읽고 직접 만나 대화한 이후 '퍼스널 브랜드'를 만들어야겠다고 결심했습니다. 평소 가장 좋아하는 '열정'이란 단어를 활용해 보이지 않은 열정을 직접 디자인해보겠다는 목표로 '패션 디자이너'로 정했죠. 바로 도메인(www.passiondesign.co.kr)을 구입해 준비를 해오다 2008년 대학을 졸업하면서 본격적으로 창업에 나섰습니다."

염 대표는 '청년발명가'로 알려지기 시작했다. 2009년 말 옷걸이로 독서대를 만드는 동영상이 유튜브에 소개되면서부터다. 철사로 된 세탁소용 옷걸이를 펜치로 구부려 2~3분여 만에 만들 수 있는 이 독서대 제작법은 전 세계 6만8000명이 넘는 네티즌이 배웠다고 한다.

"어느 날 책을 읽던 중 팔이 저려와 편안하게 책을 읽을 방법이 없을까 고민하던 중 마침 눈에 띄었던 옷걸이를 가지고 궁리하기 시작했습니다. 몇 달에 걸쳐 수백 개의 시제품을 만든 끝에 두꺼운 책을 올려놓아도 끄떡없는 독서대를 만들 수 있었죠. 책가방에 붙이면 헤드라이트처럼 반짝이는 '옐로카드'도 교통사고를 당했던 경험에서 탄생했습니다."

이렇게 힘들게 만들었지만 누구나 쉽게 베낄 수 있는 아이디어를 왜 공개했을까. 염 대표는 '옷걸이 독서대' 등 발명품은 자신과 사람들을 연결해주는 매개체라고 강조했다. '공짜경제'의 예처럼 빠르게 확산하면서 '패션 디자이너'란 자신의 브랜드를 널리 알릴 수 있다는 설명이다.

"인터넷에 널리 알려지면 쉽게 권리침해도 할 수 없을 것으로 생각했습니다. 게다가 의심의 눈초리로 바라보는 사람도 독서대 만드는 방법을 한번 보여주면 바로 친근하게 다가오더라고요. 덕분에 기업체나 복지단체 등에서 사업적 기회도 생기고 있습니다."

메모노트만 4년 만에 20권

염 대표는 메모광이다. 4년 전 시작한 메모노트가 벌써 20권에 달한다. 2007년 KBS 퀴즈 대한민국에서 1등을 거머쥐었는데, 이것도 메모습관 덕분이란다. 메모에 담긴 좋은 생각들은 일주일에 다섯 번 '패션레터'라는 뉴스레터에 포장해 1,200여 명의 지인들에게 전달하고 있다.

"그룹 회장이나 유명인만 뉴스레터를 만드는 것은 아니라는 생각에서 시작했습니다. 차별화하기 위해 열정적으로 일상에서 직접 부닥치며 경험한 이야기와 느낌을 그대로 담자고 생각했죠. 내용이 괜찮았

는지 여러 단체에서 강연을 제안해 오기도 했습니다.”

실제로 염 대표의 강연 경력은 젊은 나이에 비해 화려하다. 후암 초등학교는 물론 시티은행, SK커뮤니케이션즈, 희망제작소, 교보문고 독서경영대학 등 자신보다 나이 많은 직장인 앞에서 열정과 창의적 아이디어를 전파하고 있다.

“끊임없이 기록하며 고민하는 과정에서 발견한 열정이야말로 진정한 열정이라고 생각합니다. 사업도 발명도 강연도 이런 열정을 나 자신과 접목시켜 가는 과정이죠. 궁극적으로 이런 긍정적인 에너지를 사람들과 함께 나누며 동시에 재무적 수익까지 얻는 사회적 기업을 만드는 것이 목표입니다.”

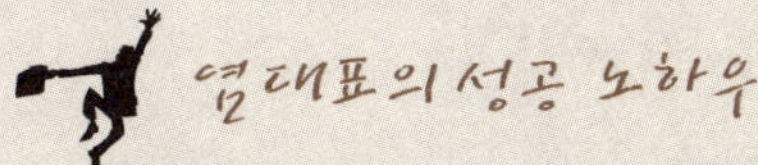

1. **개방에서 경쟁력 찾아라** : 자신의 장점을 가장 잘 알릴 방법은 인터 넷 등을 통해 자신의 노하우를 널리 공개하는 것이다. 다른 사람이 베낄 것을 걱정하기보다는 서로 협력할 수 있는 방법을 생각하는 것 이 더 큰 사업을 하도록 도와준다.

2. **자신을 브랜드하라** : 무한경쟁의 시대에서 살아남으려면 기업처럼 자신의 가치를 남들에게 널리 알리는 것이 중요하다. 장점을 담을 수 있는 용어나 한번 들으면 잊기 어려운 별명 등 다른 사람의 뇌리 에 오래 각인될 수 있는 것이면 좋다.

3. **열정을 기록으로 남겨라** : 문득 생각나는 것도 기록해 놓으면 열정 으로 승화될 수 있다. 중요한 일을 결정할 때 과거의 기록을 참조하 면 많은 도움을 받을 수 있다.

4. **뉴스레터를 만들어라** : 거창하게 생각할 필요 없이 생활 주변의 소 소한 일상에서 얻은 생각을 뉴스레터에 담으면 된다. 생각도 정리 할 수 있고 자주 연락하지 못하는 지인에게도 안부 대신으로 유용 하다.

성공 히든카드 7가지

이겨놓고 싸우면 성공할 수 있다

정교한 배치·거꾸로 발상 필요
활동 무대 넓히고 미래 읽어야

"성공하는 직장인에게는 뭔가 특별한 것이 있다."

많은 직장인들은 이런 생각을 하곤 한다. 높은 아이큐에 뛰어난 학벌, 훌륭한 집안 등을 성공의 필수요건이라 여기며 자신은 성공과는 거리가 먼 것으로 자포자기하는 경우도 있다. 과연 성공은 특별한 사람에게만 허락된 선물일까. '히든카드'란 책을 펴낸 성공전략 전문가 이동조 씨는 "평소 자신 안에 숨어 있는 능력과 시스템 적인 스킬을 결합해 좋은 히든카드를 많이 확보해 두면 누구나 성공할 수 있다"라고 강조한다.

직장인이 쉽게 꺼내 활용할 수 있는 성공비법 '히든카드 7가지'를 알아본다.

◆ 이겨놓고 싸워라 : 성공한 사람은 역(逆)미로 찾기를 통해 이겨놓고 싸운다. 결과를 미리 예측하고 도전하기 때문에 실패할 확률이 적다는 얘기다.

산에서 길을 잃어버리면 산에서 내려오는 것보다 정상을 향하는 것이 길을 헤매지 않는 방법이다. 이처럼 성공적인 결과를 미리 정하고 도달하는 방법을 생각하면 정확한 해답을 찾을 수 있다. 예를 들어 5년 후 집을 사는 것을 희망한다면 현재 소득에서 얼마를 저축해야 목표를 이룰 수 있는지 계산이 나온다.

◆ 공 한 개로 10개를 쓰러뜨려라 : 과거 산업사회에서는 일이 분업화 돼 한 가지 일만 잘해도 인정받았다. 그러나 창조아이디어 사회에서는 다양하게 연관된 분야를 통합적으로 이해해야 성과를 낼 수 있다. 한 번에 10가지 일을 할 수 있는 사람이 돼야 한다는 얘기다.

이를 위해서는 많은 일을 잘 세팅해 둬야 한다. 볼링핀 10개(=일)를 세팅해 둔 후 공 하나로 10개를 한꺼번에 쓰러뜨릴 수 있다는 점을 활용해 일을 정교하게 배치하면 한 번에 10가지 이상의 일도 할 수 있다.

◆ 무대를 점점 넓혀라 : 성공한 사람은 그 자리에 안주하지 않는다. 매일 넓은 동심원을 그려간다. 동심원을 넓혀가면서 더 많은 기회를 만나고 큰 성공을 이룩할 수 있다.

빵 기술자면 나만의 빵 디자인을 만들고 조경사라면 세상에서 단 하나뿐인 나무 디자이너를 꿈꿔야 한다.

◆ **상대와 끊임없이 소통하라** : 성공한 사람은 자신이 만나는 상대와 끊임없이 소통한다. 이를 통해 상대방과 자신의 교집합을 찾아내는 것이다.

자신의 장·단점, 상대방의 장·단점을 벤다이어그램으로 그리면 상대방과 소통할 수 있는 아이디어와 해답이 100% 들어 있다.

◆ **거꾸로 발상하라** : 경쟁에서는 불리한 룰이 존재하기도 한다. 이 때 불리하다고 한탄만 할 것이 아니라 인식의 전환, 새로운 관점, 새로운 아이디어, 새로운 접근방법으로 룰을 자신에게 유리하게 만드는 노력이 필요하다.

◆ **위기가 기회다** : 성공하는 사람의 히든카드는 바로 남들과 다른, 익숙한 것과 다른 거꾸로 발상한다는 것. 약점에서 매력적인 장점을 찾아내거나 모두 안 된다는 사고를 거꾸로 발상을 통해 가능성을 찾아낸다. 즉, 위기가 최고의 기회가 될 수 있다는 사실을 명심해야 한다.

◆ **미래를 읽어라** : 성공하는 사람은 복잡한 현상에 대해 일정한 패턴을 잘 읽어낸다.

위대한 미술가는 패턴을 활용해 그림을 그리고 위대한 음악가도 패턴을 통해 위대한 음악을 만들며 위대한 사업가는 소비자의 패턴을 읽어내는 탁월한 감각이 있다. 패턴 읽기는 시간을 투자해 관찰하고 표나 그래프를 그리면 누구에게나 쉬운 일이다.

그래 나이는 숫자에 불과하다

고등학교를 중퇴한 이후 구급차 운전사에서 나이트클럽 피아니스트까지 전전했던 한 남자가 있었습니다.

이 남자는 식당에 주방용품을 판매하는 영업사원으로도 일했습니다. 그러던 어느 날 그는 햄버거를 파는 시골 작은 드라이브인 식당에서 주방용품을 많이 구입했다는 사실을 알고 호기심을 느꼈습니다. 직접 방문해보니 햄버거와 음료수를 손님들이 직접 가져가게 하는 대신, 가격을 낮추고 음식의 질을 높인 셀프서비스가 손님들에게 인기를 끈다는 사실을 깨달았죠. 이 남자는 당장 식당 주인 형제에게 프랜차이즈 사업을 제안했고 아내와 친구들의 만류에도 불구하고 사업을 시작했습니다. 바로 미국 문화를 대표하는 '맥도날드'의 탄생 스토리입니다. 그런데 더 놀라운 사실이 있습니다. 사업을 제안한 남자인 레이 크록의 나이가 당시 무려 53살이라는 사실입니다. '나이는 숫자에 불과하다'는 진리를 몸소 실천한 셈이죠.

더 가까운 사례도 있습니다. 조선 숙종 때 허목은 65살의 늦은 나이에 출사해 84살에 우의정까지 올랐고, 고 정주영 회장이 미포만 백사장과 거북선 사진만 들고 세계를 누벼 조선소를 건립해낸 것도 56살 때의 일입니다.

나이의 무게에 짓눌려 사는 사람들이 주변에 많습니다. '사오정' '오륙도' 등을 거론하며 "이 나이에 뭘 할 수 있겠어" "지금 배워서 뭘 하게"라고 쉽게 포기하는 경우도 많죠. 이런 생각을 지닌 분들에게 얼마 전 TV에서 만난 90대 노인의 말을 소개할까 합니다.

"70살이 됐을 때 여생이 얼마 남지 않은 걸로 생각하고 무계획적으로 살았습니다. 그런데 90살이 되고 보니 지난 20년 세월이 너무 아쉬움이 남아요. 앞으로 얼마 살지는 모르지만 의미 있는 삶을 보내고 싶어 영어 공부를 시작했답니다."

3장

신입사원 때는 미쳐야 산다

뭐든지
직접 몸으로
부딪쳐라

어린 시절 아버지로부터 귀에 못이 박이도록 들은 말이 있다.

"살인 도둑질 빼고는 뭐든지 다 해봐라. 나쁜 짓도 직접 해봐야 왜 나쁜지를 안다."

처음에는 이 말이 무슨 뜻인지 알 수 없었다. 다른 어른들은 '착한 일만 해라, 나쁜 짓을 하면 안된다'고 가르치는데 아버지는 못된 짓도 해보라고 하시니 도대체 이해되지 않았다.

"아빠, 정말 나쁜 짓도 해도 돼요. 진짜 혼내지 않으실 건가요"라고 묻기도 여러 번. 그럴 때마다 아버지는 그냥 고개만 끄덕이실 뿐이셨다. 그리고 실제로 집안에 낙서하기, 시계와 TV 고장내기, 친구와 싸우기 등 나쁜 짓을 해도 아버지에게는 한 번도 야단을 맞지 않았다.

심지어는 동네에서 야구를 하다 유리창을 깼을 때도 아버지는 오히려 잘했다며 맛있는 것까지 사주셨다. 한동안 이 이야기가 친구들 사이에서 화제가 될 정도였다. 그래도 용기가 없었는지 어린 시절 심하게 나쁜 짓을 해본 기억이 없는 것 같아 아쉽다.

아버지는 집에 가만히 있는 것도 싫어하셨다. 시간만 나면 어디든 데려가시곤 했다. 때로는 여행지를 소개하는 TV나 신문을 흥미롭게 보고 있다가 바로 짐을 싸들고 떠나기도 했다. "뭐든지 직접 봐야 자기 것이 된다"는 것이 아버지의 지론이었다. 덕분에 우리나라의 웬만한 유명 관광지는 어린 시절 다 돌아봤던 것 같다. 하지만 아버지와의 여행이 항상 즐거웠던 것은 아니었다. 여행 경비를 아끼기 위해서였는지는 몰라도 텐트치고 자는 야영을 좋아하셨기 때문이다. 잠자리가 불편하다고 불평이라도 할라치면 "불편함도 한 번 씩 경험해봐야 한다. 이런 경험도 나중에는 좋은 추억이 될 수 있어"라고만 하실 뿐이었다.

아직 철이 들지 않았기 때문이었을까. 아버지의 이 말이 이해되지 않는 것은 마찬가지였다. 당장 불편하고 잠도 오지 않는데 나중에 생각해보면 좋은 기억으로 떠오른다는 게 어린 마음에 도대체 말이 안 된다고 여겼다.

그러나 세월이 흘러 어느덧 중년에 접어드니 아버지의 큰 가르침이 서서히 이해되기 시작했다. 어린 시절 추억들이 그 무엇과도 바꿀 수 없는 소중한 것으로 다가왔다. '그때 좀 더 나쁜 짓도 해보고 많이 놀 걸'하는 생각이 들 정도로 말이다.

게다가 기자생활을 하다 보니 모든 것을 직접 해봐야 하는 이유도 조금씩 깨달을 수 있었다. 책으로 읽고 다른 사람에게 설명을 아무리

자세히 들어봐도 현장에 가보면 또 다른 느낌이라는 것을 수차례 경험
했다. 특히 작은 일이라고 생각했던 것도 직접 가보면 엄청나게 큰 사
건일 때도 있고 큰일 터졌다고 기대하며 가봤더니 거의 무시해도 좋은
만큼 작은 일인 경우도 여러 번 있었다.

웨이지엔리가 쓴 '경험의 힘'이라는 책에는 다음과 같은 이야기가
나온다. '어머니'란 소설로 유명한 러시아의 대문호 막심 고리키는
1880년대 말 한 시골 역에서 철도원으로 일하고 있었다. 가슴 안에서
솟구치는 문학에 대한 열망을 주체할 수 없어 고리키는 세계적인 대작
가인 톨스토이를 만나기로 결심한다. 톨스토이만이 자신의 작품에 대
한 정확한 평가를 해줄 수 있을 거라 믿었기 때문이다.

고리키가 살던 볼가 강 연안의 니즈니노브고로드에서 톨스토이가
머무르고 있는 모스크바까지는 무려 6,000km. 서울에서 부산까지가
약 500km이니 경부선을 6번이나 왕복해야 하는 엄청난 거리였다. 게
다가 때마침 겨울이라 모든 것을 꽁꽁 얼려버리는 혹독한 한파까지 몰
아치고 있었다. 그래도 톨스토이를 만나겠다는 고리키의 열정을 꺾지
는 못했다.

산을 넘고 협곡을 지나 강을 건너는 고리키의 여정은 험난하기만
했다. 영하 30도에 이르는 날씨 속에 얼어 죽을 뻔 한 고비도 수 없이 넘
겼다. 그런데 간신히 모스크바에 도착해보니 더 큰 시련이 고리키 앞에
놓여 있었다. 톨스토이가 먼 여행을 떠나 집에 없었던 것이다. 하염없이
기다릴 수 없었던 고리키는 큰 좌절감을 맛보며 발길을 돌려야 했다.

그러는 동안 어느새 겨울은 지나고 따뜻한 봄이 찾아왔다. 세상이 봄빛으로 물들어가는 풍경을 지켜보던 고리키는 문득 한 가지 사실을 깨달았다. 비록 톨스토이는 만나지 못했지만 길고 긴 여행을 통해 무엇과도 바꿀 수 없는 소중한 경험을 했던 것이다. 고리키는 여행 도중 물건 배달부와 어부, 염전에서 일하는 사람, 접시 닦기 등 수많은 사람을 만나 이야기를 나눴다. 그들의 이야기 속에서 책이나 신문을 통해 막연히 알았던 하층계급의 현실적인 문제를 깊이 이해했다. 자신이 잘못 알고 있던 현실도 깨우쳤다.

고리키는 이 경험을 계기로 진정한 삶의 무게를 담는 글을 쓰자고 결심했다. 이후 고리키는 '세 사람' '이웃들' '밑바닥' 등 민중 속에서 끊임없이 고뇌하며 인간해방에 대한 믿음을 담은 소설을 펴냈다.

'높은 낭떠러지를 보지 않고서야 어찌 굴러 떨어지는 근심을 알고, 깊은 연못에 가지 않고서 어찌 빠져 죽는 근심을 알겠느냐? 큰 바다를 보지 않고서야 어찌 풍파에 시달리는 근심을 알겠느냐?

동양의 위대한 성현으로 칭송받는 공자가 남긴 말이다. 이 가르침대로 직접 경험해보지 않은 지식은 허상일 수 있다. 책에서 다양한 지식을 습득할 수는 있지만 그 지식은 얕을 수밖에 없다. 막상 현실에 부닥칠 때는 직접 경험해 본 것만이 도움 되는 경우를 자주 봐 왔기 때문이다.

예를 들어 응급환자가 발생했을 때 사용하는 심폐소생술을 모르는 사람은 거의 없을 것이다. 영화나 TV 등에서 한 번 씩은 봤기 때문에 코를 막고 입으로 바람을 불어넣는 것쯤은 안다. 그러나 훈련받지 않거나 한 번도 해보지 않은 사람이 심폐소생술을 하는 것은 거의 불가능하다고 한다. 머리로는 알고 있지만 몸이 따르지 않기 때문이란다.

어디 이것뿐일까. 이런 웃지 못할 이야기도 있다. 한 엄마가 미국으로 유학 가는 고등학생 아들을 따라나섰다. 중학교까지 한국에서 다닌 아들은 학교에 제대로 적응하지 못했다. 친구들과도 어울리지 못하고 집안에만 틀어박히기 일쑤였다. 결국 영어도 제대로 배우지 못하고 2년 만에 한국으로 다시 돌아왔다고 한다. 그런데 놀랄 일이 벌어졌다. 아들의 영어 실력은 그대로인데 초보 수준을 넘지 못했던 엄마의 영어실력이 원어민 뺨칠 만큼 향상된 것이다.

무슨 일이 벌어진 걸까. 워낙 사교성이 좋은 엄마는 아들이 학교에 가고 나면 동네 주민들과 어울렸다고 한다. 한국인이 거의 살지 않는 동네라 영어 말고는 대화를 나눌 수 없었지만 몸짓 발짓까지 써가며 먼저 다가갔단다. 처음에는 경계하던 동네 주민들도 상냥한 미소가 돋보이는 엄마를 '동양에서 온 신비스러운 이웃'이라며 점점 가까이 대했다고 한다. 집도 서로 오가며 동네 모임에도 적극적으로 참가했다. 영어실력이 늘지 않을 수 없었던 상황이었던 것이다.

직접 보고 느낀 것은 우리 삶의 훌륭한 스승이다. 계획된 경험이든 뜻밖의 경험이든 소중한 자산이 될 수 있다. 미국의 시인이자 철학가인 랄프 에머슨도 '인생은 하나의 경험이며, 경험이 많을수록 더 좋은 사람이 된다'고 했다.

"살인 도둑질 빼고는 뭐든지 다 해봐라"라는 아버지의 가르침을 이제야 조금 알 것 같다.

이인 넥슨 해외사업실 팀장

'무대뽀'로 뛰어드니 외국어도 술술~

(메트로신문 2010년 6월 1일자)

"일본 문화에 심취해, 대학교에 입학하면서부터 하루 한 시간씩 자막 없는 일본 드라마를 구해 봤습니다. 간신히 히라가나와 가타카나만 익힌 상태에서 시작했지만 하루도 빼먹지 않고 보았더니 조금씩 늘더군요. 그래도 일본어에 대한 갈증이 해결되지 않아 대학을 졸업하자마자 워킹홀리데이 비자를 받아 아는 사람 한 명 없는 일본으로 향했습니다. 일본에만 도착하면 바로 일자리가 생길 줄 알았는데 처음 두 달간은 인터넷 카페에서 숙식을 찾아 해결해야 할 정도로 무척 힘든 생활을 했죠. '1년 안에 돌아올 생각하지 말라'는 부모님의 엄명 때문에 귀국은 꿈도 못 꿨습니다. 그러던 중 우연히 '와가시'라는 일본 전통 과자점의 아르바이트 모집공고를 보고 무작정 일을 시켜달라고 매달려 이후 1년 반 동안 과자 반죽을 하며 일본어를 완벽하게 마스터할 수 있었습니다."

　게임업체 넥슨에서 해외사업실을 맡고 있는 이인(32) 팀장의 외국어 학습법은 이처럼 '무대뽀'였다. 좋아하는 일본어를 학습하기 위해 어학교재를 섭렵하는 대신 일본으로 자신을 직접 내던졌다. 단순히 말만 습득하는 것이 아니라 생활습관까지 익혀야 언어를 제대로 배우는 것이라는 신념 때문이란다.

　"과자점 인근에 한국인이 전혀 살지 않다 보니 일하는 동안 한국말을 써본 기억이 한 번도 없습니다. 갑자기 놀라거나 꿈꿀 때도 자연스럽게 일본어가 튀어나올 정도였죠. 게다가 100년 동안 이어온 과자점에서 일하다 보니 일본 전통문화까지 덤으로 익힐 수 있다는 점도 좋았습니다."

　덕분에 보통 5~6년은 공부해야 하는 것으로 알려진 일본어능력시험 1급 자격증을 이 팀장은 독학만으로 취득했다.

　이 팀장의 이런 외국어 학습법은 이때가 처음이 아니었다. 중어중문학을 전공한 이 팀장은 대학교 2학년 때 교환학생으로 중국 땅을 밟았지만 정작 중국어를 제대로 배운 것은 교실 밖이었다. 1년 동안 학교 안에만 있는 것은 시간 낭비라고 생각해 6개월 만에 교환학생 자격을 버리고 중국 전역을 돌아다니기 시작했다. 여행지에서 만난 중국 사람들과 어울리며 술도 마시면서 자연스럽게 언어는 물론 문화까지 체득했다. 이 덕분에 이 팀장의 중국어 실력은 현지인들도 놀랄 정도의 수준이다.

6개월간 입사 준비

이 팀장의 이런 물불을 가리지 않는 집념은 넥슨에 입사할 때도 여실히 발휘됐다. 논문 수준의 포트폴리오와 무려 3개월에 걸친 면접기간 동안 한눈 한번 팔지 않고 충실히 준비해 2004년 입사에 성공했다.

"학벌 등 소위 말하는 '스펙'이 뛰어난 편은 아니기 때문에 입사하는 데 어려움이 많을 것으로 생각하고 총 6개월에 걸쳐 준비했습니다. 처음 3개월 동안은 넥슨이란 회사에 대해 철저히 분석했고 매달 한 차례씩 3번에 걸쳐 진행된 면접에도 대비했죠. 다행히 취업난이 극심했던 때였는데도 처음 이력서를 낸 회사에 바로 입사하는 행운을 누렸습니다."

일본·중국·대만 등 아시아는 물론 미국·브라질 등에도 진출한 넥슨의 게임을 총괄하고 있는 이 팀장의 외국어 학습은 지금도 계속되

고 있다. 매일 출근하자마자 현지인들이 가장 많이 이용하는 포털에 접속해 뉴스와 트렌드를 일일이 체크한다. 특히 인기 드라마를 구해 보는 것은 일본어·중국어를 익힐 때와 마찬가지다.

"의사소통이 가능한 영어를 보다 완벽하게 마스터하고 싶어 매일 한 시간씩 자막 없이 '하우스'란 미국드라마를 열심히 보고 있습니다. 결과에 집착하지 않고 일단 시도해보는 주인공의 모습이 버그를 두려워하지 않는 게임 개발자와 비슷해 더 스토리에 빠져들게 되더라고요. '실패하더라도 하고 싶은 것이 생기면 반드시 해야 한다'는 제 신념과도 비슷하고요."

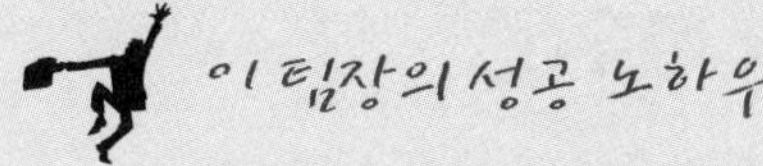

1. 언어보다는 문화를 익혀라 : 단순히 말만 잘해서는 그 언어를 마스터할 수 없다. 현지 관습을 체험할 수 있는 드라마나 영화를 통해 문화까지 터득해야 제대로 된 언어를 구사할 수 있다.

2. 현지 포털을 활용하라 : 현지에서 가장 인기 있는 포털에만 접속하면 직접 가지 않더라도 트렌드를 파악할 수 있다. 뉴스는 물론 문화, 패션, 스포츠 등의 콘텐츠를 통해 새로운 아이디어도 얻을 수 있다.

3. 일단 시도하라 : 모든 일이 좋은 결과를 만들 수는 없다. 일단 저질러보고 최선을 다하는 것이 바람직하다.

4. 한 회사에 집중하라 : 취업이 안된다고 여러 회사에 기웃거리다가는 시간만 허비하기 십상이다. 한 회사 혹은 한 업종에 목표를 정하고 철저히 준비해야 좋은 기회가 생긴다.

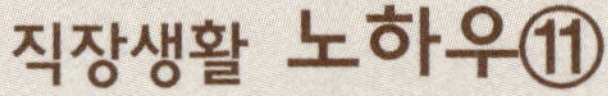

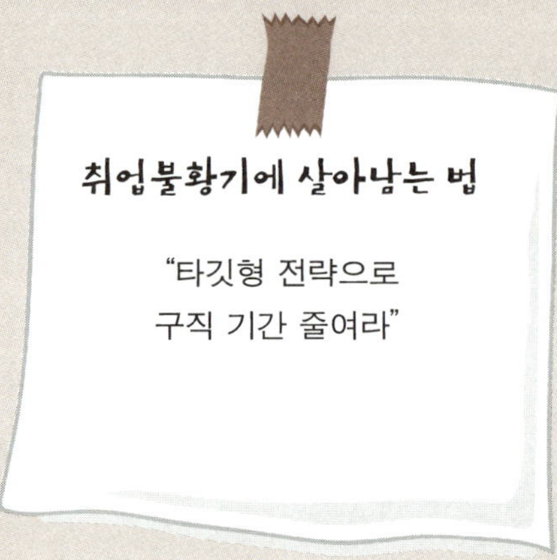

"도대체 어떻게 해야 할까요."

취업 한파가 좀처럼 풀릴 기미를 보이지 않고 있다. 실업률은 낮아지고 있지만, 정작 청년 취업률도 낮아지는 기현상으로 인해 구직자들의 속은 타들어가고 있다. 그러나 하늘이 무너져도 솟아날 구멍은 있는 법. 취업포털 대표들에게 '취업불황기 살아남는 비법'을 들어본다.

◆ **"평판관리에 신경 써라" 이정명 커리어 대표** : 이럴 때일수록 신입구직자는 서류전형부터 치밀하게 준비해야 한다. 최근 조사로는 입사지원서를 9.3회 제출해야 겨우 한번 면접을 볼 만큼 서류전형 통과조차 어려워졌기 때문. 그물식 보다는 타깃형 취업전략이 필요하다는 말이다. 지원하려는 기업에 대해 보고서를 쓸 수

있을 정도로 인재상, 기업문화, 경영전략 등을 연구해 입사지원서에 반영해야 한다.

또 극심한 경기침체인 요즘 같은 시점에서는 정규직만 고집해서는 안 된다. 기업 전망과 정규직 전환 가능성, 연봉, 근로조건 등을 꼼꼼히 따져 비정규직에도 과감히 지원하는 자세가 필요하다.

이직을 준비 중인 경력자라면 평판관리에 신경 써야 한다. 인사담당자의 절반 가까이 경력 채용 시 평판조회를 한다고 응답했다. 혹시 퇴사하는 경우에도 인수인계 등을 철저히 해 좋은 뒷모습을 남기는 것이 바람직하다.

◆ "기업 특성을 파악하라" 김화수 잡코리아 대표 : 구직활동 기간은 1년을 넘기지 않는 것이 좋다. 원하는 기업에 입사할 때까지 무작정 기다리다 보면 선택의 폭은 점차 좁아지기 마련이다. 특히 대부분의 기업이 한살이라도 어린 지원자를 선호한다는 사실을 명심해야 한다.

또 지원하고자 하는 기업 및 직무의 특성을 명확히 파악할 필요가 있다. 가령 게임산업 분야는 지원자의 열정 및 창의력에 높은 점수를 준다. 따라서 서류나 면접에서 소극적인 태도를 보일 경우 좋은 점수를 받기 어렵다. 반면 상대적으로 보수적인 석유 화학 분야 지원자가 톡톡 튀는 개성을 자랑했다가는 탈락하기 십상이다.

현재 높은 연봉, 우수한 복리후생제도를 갖춘 기업에 다니지 못한다고 낙담할 필요는 없다. 열심히 하다 보면 5년 후에 좋은 조건으로 스카우트 제의를 받을 수도 있기 때문. 중요한 것은 현재의 내가 아닌, 10년 후의 모습이란 사실을 명심하고 장기적 안목에서 자기계발을 하는 것이 필요하다.

◆ **"알바도 일관성 있게" 이정근 사람인 대표 :** '아르바이트 스펙'을 쌓는 것도 취업의 경쟁력이 될 수 있다. 실제로 대학 시절부터 건설현장 총무, 자재관리, 뷔페관리 등 '생산관리'분야에 올인한 구직자는 졸업과 동시에 취업했다. 자신의 성격과 취업 희망 분야를 고려해서 일관적으로 아르바이트 경력을 쌓은 것이 적중했던 것.
직장인이라면 국가가 지원하는 국비교육을 적극적으로 활용하는 것을 추천한다. 노동부에서 운영하는 고용보험 환급과정이나 근로자 수강료 지원과정, 근로자 능력개발카드제 등을 이용하면 거의 공짜로 자기계발을 할 수 있다.
정기적으로 경력기술서를 업데이트 하는 것도 불황기에 살아남는 한 가지 방법. 프로젝트 성공사례나 업무 성과 등을 수치화해서 정리해 두면 승진이나 이직을 할 때 객관적인 근거가 될 수 있다.

"예스"에
한번 미쳐봐라

'코미디의 제왕' 짐 캐리 주연의 '예스맨'이란 영화가 있다. '브루스 올마이티' '라이어 라이어' '케이블 가이' '덤 앤 더머' 등에서 기상천외한 캐릭터로 포복절도하는 웃음을 선사했던 짐 캐리는 이번에는 모든 일에 '노(No)'를 외치는 불평불만이 가득한 은행 대출담당 직원으로 등장한다.

이혼한 뒤 지루한 일상을 살고 있던 짐 캐리는 모든 것이 귀찮기만 하다. 세상을 부정적으로 바라보니 삶도 자꾸만 위축된다. 친구들과 어울리는 것도 피곤하고 그저 집에서 TV나 영화를 보는 것을 낙으로 삼는다. 친구 따라 억지로 모임에 나갔다가 이혼한 와이프가 새로운 남자친구와 있는 모습을 보고 자신의 삶이 쓸쓸하고 외롭다고까지 느낀다.

그래서 더욱 그는 직장 생활에서도 연신 버릇처럼 '노'를 입에 달고 다닌다. 대출신청을 하러 온 사람들에게 "그런 아이템으로 성공할 수 있겠어요" "아무리 해도 소용없을 거예요" 같은 독설도 서슴지 않고 내뱉는다. 대출 심사 결과는 늘 '불가능'. 덕분에 업무성과도 형편없다.

동료는 벌써 지점장으로 승진했는데 짐 캐리는 여전히 평사원일 뿐이다.

그러던 어느 날 친구의 권유로 '인생역전 자립프로그램'이라는 묘한 프로그램에 가입하면서 사건이 벌어지기 시작한다. 모든 일에 '예스(Yes)'를 외치기로 맹세한 것. 짐 캐리는 단순히 말 한마디 바꾸는 것뿐이라고 대수롭지 않게 생각한다. 그래서 번지점프, 모터사이클 타기, 경비행기 조종하기, 노숙자 봉사활동하기, 콘서트 관람하기, 남의 인생에 간섭하기, 온라인으로 데이트 상대 정하기, 한국어 수업 듣기 등 지금까지 할 수 없었던 아니 하지 않았던 일들에 모두 '예스'라고 대답하기 시작한다.

그러자 마법 같은 변화가 일어난다. 지루하고 재미없던 일상이 너무도 유쾌하고 재미있게 바뀐 것이다. 게다가 사랑하는 여인이 생기고 직장에서도 인정받기 시작한다. 남들은 마다하는 토요일 근무에 선뜻 "예스"를 외치며 자원해 상사의 눈도장을 받는다. 대출 심사에서도 흔쾌히 '오케이' 도장을 찍어줬는데 돈을 빌려준 고객이 연체하지 않고 이자와 원금을 잘 갚아 나가니 실적도 쌓인다. 결국 본사의 임원으로까지 승진한다.

'예스'라는 말 한마디로 패배주의자 짐 캐리가 열정 넘치는 사람으로 변모한 것이다.

영화에서처럼 매사에 열정적으로 '예스'를 외치는 것만으로도 인생이 바뀔 수 있을까? 실제로 이 영화의 원작을 쓴 데니 월레스는 연인과의 결별 이후 '노맨'(no man)이라고 불릴 정도로 삶에 부정적이었다고 한다. 그러던 어느 날 심야 버스에서 만난 정체불명의 남자로부터 "더 자주 예스라고 말하세요"란 말을 듣고 6개월 동안 무조건 '예스'만 하고 살기로 결심했다.

누가 보자는 말과 돈을 쓰는 일, 어떤 제안에도 오로지 대답은 '예스'. 심지어는 "자동차에 관심 있느냐"는 말에도 "예스"하고 바로 자동차를 구입했다고 한다.

그의 삶은 어떻게 변했을까. 데니는 "엉뚱하기 그지없는 생활이지만 이전보다 훨씬 신나고 즐거웠다"고 말한다. 게다가 '예스'만 외친 6개월간의 기록으로 베스트셀러 작가가 되고 흥행영화의 원작자로도 이름을 날렸으니 영화 속 짐 캐리 못지않은 행복을 찾은 셈이다.

이런 변화는 데니 웰리스만이 아니다. 영화에 주인공으로 출현한 짐 캐리도 몸소 자신이 예스맨임을 보여줘 화제를 모으기도 했다. 감독과 제작진의 만류에도 직접 번지점프를 감행한 것은 물론 기타 연주 레슨과 한국어 수업까지 받았다. 덕분에 한국관객들은 "청주날씨는 어때요?"를 짐 캐리가 "정준하 씨는 어때요?"로 발음하는 대목에서는 포복절도 할 수 있었다.

짐 캐리는 한 언론과의 인터뷰에서 "삶에서 '예스'라고 해서 후회했던 적보다 '노'라고 해서 후회한 적이 더 많았다"라며 "'노'라고 말하면 아무 일도 생기지 않는다"고 강조하기도 했다.

불평주의자를 위해 일하려는 사람은 없다. 늘 인상을 찌푸리며 '진짜 죽을 맛이군!'을 반복하는 사람은 주변까지 우울하게 만든다. 별다른 일을 하지 않았어도 그런 사람 옆에 있으면 짜증나고 지친다. 그래서 될 일도 되지 않는 경우가 허다하다.

그러나 상황이 아무리 어려워도 긍정적으로 "예스"를 외치는 사람에게는 사람이 모인다. 이런 긍정적인 마인드가 주변 사람들에게 할 수 있다는 자신감과 이미 대책이 마련돼 있다는 신뢰를 북돋아 불가능한 일도 가능하게 만들어주기도 한다. 성공을 몰고 다니는 셈이다.

그렇다고 아부를 하라는 말은 아니다. "노"라고 말하는 것과 비판하는 것은 분명히 다르다. 윗사람의 말을 무조건 따른다면 아첨꾼으로 전락하게 된다. 이런 맹목적인 '예스맨'은 세상을 밝고 따뜻하게 만들기보다는 썩고 병들게 할 뿐이다. 영화에서도 진정한 '예스맨'은 진심으로 원하고 옳은 일에만 "예스"라고 말하고 행동하라고 강조하고 있다.

갈수록 삶이 팍팍해진다고 불평하는 사람들이 많다. 언론을 통해 들려오는 소식이라곤 감원, 해고, 부도 등 섬뜩한 단어들밖에 없으니 한편으로는 이런 불평이 이해가 되기도 한다. 그런데 자신의 불평을 한껏 드러내며 '노'를 외친다고 삶이 좋아질까.

영화 속 짐 캐리처럼 눈 한번 감고 '예스'를 외쳐보면 어떨까. 갑자기 세상이 밝아지고 없었던 열정이 샘솟는 마법 같은 경험을 하게 될지도 모른다.

"알바 때도
일 잘하려 삭발투혼"

(메트로신문 2009년 10월 13일자)

"정직원 입사 시험 때 면접관이던 전무로부터 '10년 뒤 자신의 모습에 대해 말해보라'는 질문을 받았습니다. 업무에 관해 물어볼 것으로 생각했던 저로서는 무척 당황스러운 질문이었죠. '전문가가 되고 싶다'는 등 뜬구름 잡는 얘기를 하려다가 순간 '전무님처럼 되고 싶습니다'라고 답변했는데 면접관들이 모두 웃으시더라고요."

'집 나가면 개고생' '와우! 올레!' 등 독특한 광고를 잇달아 기획해 화제가 되고 있는 KT 통합이미지전략팀의 이수호(34) 과장은 입사과정부터 이처럼 톡톡 튄다. 단기 아르바이트생으로 입사해 6개월 만에 정직원으로 발탁되는 행운도 매우 이례적이지만 입사 6년 만에 핵심부서 과장으로 초고속 승진도 파격적이다. 그것도 국내 굴지의 대기업인 KT에서 말이다. 그렇다고 화려한 스펙을 자랑하는 것은 아니다. 연

세대 불어불문학과를 졸업했지만 그 흔한 토익성적도 없다.

도대체 이 과장에게는 어떤 성공 비법이 있는 걸까.

"남다른 아이디어와 뛰어난 어학 실력 때문일 거라고 미루어 짐작하는 사람들이 많은데 저 자신을 스스로 돌이켜보면 몸에 밴 근면·성실함 덕분이라고 생각됩니다. 항상 긍정적으로 생각하고 메모하며 남들보다 일찍 출근해 아침 시간을 활용하려고 노력하고 있죠. 그렇게 6년을 보냈더니 동료들보다 딱 반 발짝 앞서게 된 것 같습니다."

이처럼 이 과장이 풀어놓은 성공 보따리는 매우 교과서적이다. 하지만 말 하나하나에 담긴 숨은 비법은 무릎을 탁 치게 한다. 우선 이 과장의 업무에 대한 열정은 아르바이트시절부터 유명하다. 아무리 어렵고 귀찮은 일을 시켜도 이 과장의 대답은 항상 '예스'. 맡았던 프로젝트가 풀리지 않자 삭발까지 했을 정도다. 좋아하는 만화가와 프로젝트를 하기 위해서는 30명이 넘는 같은 팀 동료에게 만화책을 직접 사 돌리기도 했다.

성실성도 남들에게 절대 뒤지지 않는다. 요즘 업무가 늘어나 새벽 2시가 넘어 퇴근할 때도 잦지만 오전 7시 출근은 칼같이 지킨다. 9시

업무시작 전에 운동·독서 등 자신만의 시간을 가지기 위해서란다.

게다가 고등학교 시절로 거슬러 올라가는 이 과장의 메모습관은 자기계발서에서 흔히 볼 수 있는 방법보다 직관적이고 효율적이다. 한눈에 파악하기 편하도록 포맷을 일정하게 유지하고 업무 노트와 아이디어 노트를 구분해서 사용한다.

"매주 A4 한 장으로 작성하는 업무 노트에는 이번 주 할 일은 물론 지난주에 하지 못한 일까지 적어 놓습니다. 이렇게 하면 메모만 들춰봐도 언제 무슨 일을 했는지 바로 알 수 있죠. 이 덕분에 기존 메모들이 모여 새로운 아이디어가 될 때도 많습니다."

꾸준한 메모 습관도 성공 비결

바쁜 업무 속에서도 취업포털 커리어 등의 요청으로 강연을 하고 있는 이 과장은 '최악의 취업난'으로 신음하는 후배들에게 '모든 일을 긍정적으로 생각하고 직접 핥아라'라고 주문했다. 남들에게 듣고 책에서 읽은 지식은 결코 자신의 것이 될 수 없다는 이야기다.

"직접 도전하고 몸으로 부딪치며 얻은 경험만이 진짜 지식이 될 수 있다고 믿고 있습니다. 예를 들어 광고에 대한 효과가 궁금할 때도 평가서가 나올 때까지 가만히 기다리진 않습니다. 광고를 가장 원천적으로 받아들이는 유아·유치원생을 직접 만나 반응을 살펴보면 그 어떤 평가서보다 확실하죠. 처음에 촌스럽다는 평가를 받았던 '올레' 광고도 아이들이 따라하는 것을 보고 반드시 성공하리라 확신했습니다."

1. **"예스"를 생활화하라** : 모든 일에 적극적으로 참가하라. 이렇게 쌓은 경험은 톡톡 튀는 아이디어로 돌아온다.

2. **몸으로 부딪쳐라** : 선물 하나를 살 때도 책상 앞에서 고민하지 마라. 수백 가지 상품이 쌓여 있는 시장이나 마트에 들르면 뭔가 떠오를 확률이 높아진다.

3. **T자형 인간이 되라** : 한 우물만 파는 I자형이 아니라 다방면으로 유능한 T자형 인재가 대접받는다. 다양한 경험이 깊이의 부족을 충분히 보완할 수 있다.

4. **적자생존** : 메모하는 사람만이 살아남을 수 있다. 자신에게 적합한 메모습관을 들이는 것이 중요하다.

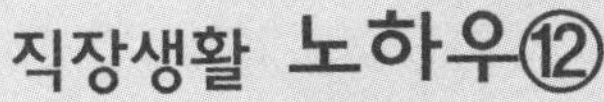

직장생활 노하우⑫

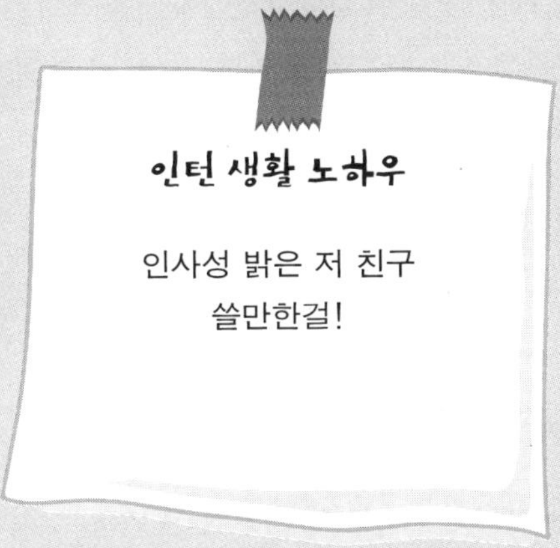

인턴으로 입사해 정규직원으로 '안착'하려면 어떤 노력을 기울여야 할까? 최근 신규 취업시장이 인턴 위주로 재편되면서 이런 고민을 하는 구직자가 늘어나고 있다. 100대 1, 200대 1 등 엄청난 경쟁률을 뚫고 인턴에 합격했지만 정규직이 100% 보장되는 것은 아니기 때문이다. 행동 하나하나를 점수화하는 듯한 선배들의 눈초리에 주눅이 든다는 인턴들도 많다. 취업포털 커리어의 도움을 받아 인턴 생활 100점 전략을 알아본다.

◆ **기본은 철저히** : 회사 규정보다 30분 정도 일찍 출근하는 것이 좋다. 오늘 업무 내용을 미리 살펴보고 인터넷을 통해 필요한 정보를 미리 검색해 두는 것이 바람직하다.

특히 인사만 잘해도 80점을 얻을 수 있다는 점은 명심해야 한다. 모르는 타 부서 사람이 인사했을 경우는 우선 인사를 한 후에 주위 동료나 선배에게 누구인지 물어보고, 다음에 마주쳤을 때 가벼운 인사말을 먼저 건네도록 한다.

호칭도 주의해야 한다. 사내에서는 친한 직장 선배를 '언니' '오빠'로 부르는 것은 금물이다.

◆ **적극적일수록 정규직 가능성 높아** : 자신의 일이 끝났다고 해서 바로 퇴근하기보다는 상사에게 "제 업무를 다 마쳤는데 혹시 제가 도울 일은 없을까요?"하고 한번 물어보는 것이 바람직하다.

업무를 수행하는 과정에서 문제가 발생했다면 되도록 빨리 상사나 선배사원에게 보고를 하고 도움을 요청해야 한다. 발생한 문제에 대해 적극적으로 해결하려는 의지를 보인다면 좋은 점수를 얻을 수 있다.

◆ **참신한 아이디어 드러내야** : 다소 부족하지만 적극적으로 아이디어를 내놓는 인턴은 선배들의 눈도장을 받을 수 있다. 회의 때에도 경청만 하기보다는 적극적으로 얘기를 하는 자세가 필요하다. '이 프로젝트를 위해 많이 고민했다'라는 인상을 심어줄 수 있고, 창의적인 사람이라는 이미지를 전해줄 수 있다.

◆ **인턴 인맥관리는 필수** : 인턴 동기들과의 관계를 지속적으로 가져

가는 것이 좋다. 인턴 인맥은 학연이나 지연보다 다양한 정보를 얻을 수 있다. 인턴 기간에 함께 생활해 서로의 실력을 알고 믿을 수 있다는 장점도 있다.

다른 회사로 뿔뿔이 흩어지더라도 서로 도움을 주고받을 수 있는 경우가 많다.

잡을 수 없는
별을 잡자

"이룩할 수 없는 꿈을 꾸고, 이루어질 수 없는 사랑을 하고, 싸워이길 수 없는 적과 싸움을 하고, 견딜 수 없는 고통을 견디며, 잡을 수 없는 저 하늘의 별을 잡자."

노르웨이의 노벨연구소가 2002년 세계적 작가 100명을 대상으로 실시한 설문조사에서 '문학 역사상 가장 위대한 소설'로 꼽혔던 미겔 데 세르반테스(1547~1616)의 풍자소설 '돈키호테'에 나오는 한 구절이다. 많은 사람이 동화나 소설, 혹은 만화영화로 접했을 이 작품에서 돈키호테는 이 대사만큼이나 물불을 가리지 못하는 무모한 행동을 보여준다. 돌아가는 풍차를 난폭한 거인으로 알고 달려들다가 상처를 입고, 양 떼를 적군으로 잘못 알고 창을 휘두르기도 한다. 또 가는 곳마다 어처구니없는 실수를 저지르고 비통한 패배를 맛본다. 이 때문에 좌충우돌식 인간형의 대명사를 '돈키호테'로 흔히 일컫는다. 또 현실 감각이 없는 이상주의자를 '돈키호테'로 통칭하기도 한다.

그런데 잠시 생각해보면 돈키호테는 자신이 꿈꾸는 이상에 따른 의무를 다한 인물이다. 성패를 중요하게 생각하지 않고 최선을 다해 앞으로 갈 뿐이다. 돈키호테에게 가장 슬픈 것은 실패가 아니라 꿈을 잃고 현실에 안주하는 것이기 때문이다.

돈키호테는 소설 속에서 이렇게 노래하기도 했다.

"나는 당신이 생각하는 것처럼 미치지도 않았고 어리석지도 않습니다. 모든 기사들은 그들 나름대로 노력을 합니다. 세상을 편력하는 기사가 되는 것이 내 운명이기 때문에 내 노력의 관할권 안에 들어온 것으로 보이는 모든 것들을 공격하지 않을 수 없습니다."

'돈키호테'를 쓴 세르반테스도 소설 속 주인공 못지않게 자신의 꿈을 실현하기 위해 끊임없이 노력했다. 스페인의 수도 마드리드 인근의 알칼라 데 에나레스에서 태어난 세르반테스는 귀족 출신 의사이지만 경제적으로 무능한 아버지를 둔 탓에 빚에 쪼들리는 가난한 어린 시절을 보냈다. 가난을 견디다 못해 젊은 시절 군대에 자원입대해야 할 정도였다. 특히 군대에서는 이탈리아의 베네치아 · 제노바와 스페인 연합군이 튀르크 군과 지중해의 패권을 놓고 격돌한 역사적인 레판토 해전에도 참전했다. 그러나 전투 중에 가슴과 왼손에 총상을 입었고, 그 후유증으로 평생 왼손을 쓰지 못해 '레판토의 외팔이'라는 별명을 얻었다.

그의 불운이 여기서 끝은 아니다. 군대를 제대하고 고향으로 돌아가기 위해 탄 배가 하필이면 해적선의 습격을 받게 된 것. 해적들의 포로가 된 세르반테스는 아프리카의 알제리까지 끌려가 노예로 팔리는 비참한 운명에 처했다. 노예 생활을 벗어나기 위해 네 번이나 탈출을 시도했지만 번번이 실패. 다시 잡혀온 세르반테스에게 견디기 어려운 폭력과 굶주림만이 남아 있었다. 그래도 희망을 잃지 않았던 세르반테스는 수도회의 도움으로 5년 만에 풀려날 수 있었다.

간신히 고향으로 돌아온 세르반테스는 37살이 되던 해 19살의 카타리나 데 살라사르와 결혼해 한때 행복한 나날을 보냈다. 그러나 행복도 잠시. 평생 그의 곁을 떠나지 않던 가난이 문제였다. 마땅한 직업이 없어 전전하던 세르반테스는 타고난 글 솜씨 덕분에 근근이 입에 풀칠할 정도였다.

40살이 넘어 간신히 세금 징수관 자리를 얻었지만 그마저도 평탄치는 않았다. 여러 번 비리 혐의로 고발당해 징역형까지 살아야 했다. 그러나 자신에게 주어진 운명이라고 여겼던 세르반테스에게는 이 같은 불운도 더 이상 고난이 아니었다. 54살 무렵 무고한 비리혐의로 옥살이하는 동안 당시 사회를 넘치는 풍자로 비판한 '돈키호테'를 처음 구상했다. 700페이지가 넘는 이 소설은 무려 3년에 걸쳐 완성됐다. 당시 유행하던 기사이야기를 패러디한 것으로 시작하는 이 소설은 출판되자마자 불티나게 팔려나갔다. 얼마나 인기 있었던지 스페인 국왕인 필리프 3세가 어떤 사람이 길에서 책을 읽으면서 눈물을 줄줄 흘리고 배꼽이 빠져라 웃어대는 꼴을 보고는 "저건 미친 놈 아니면, '돈키호테'를 읽는 놈이로군"이라고 말할 정도였다.

그러나 이같은 엄청난 성공에도 세르반테스는 가난이라는 굴레를 벗지 못했다. 생활고로 인해 '돈키호테'의 출판계약을 하면서 출판업자에게 판권을 넘겼기 때문이었다. 출판업자는 '돈키호테'로 인해 큰 부자가 됐지만 세르반테스는 여전히 끼니를 걱정해야 하는 웃지 못 할 상황에 처한 셈이다.

그래도 세르반테스는 희망의 끈을 놓지 않고 신앙생활에 전념하기 위해 수도회에 들어갔다. 종교적인 결사와 작가 단체에 가입해 부조리한 현실을 바로잡기 위해 끊임없이 노력했다. 그러던 중 69살이 되던 1616년 4월 23일 수종증이 악화되어 생을 마감했다.

이처럼 세르반테스는 자신이 만들어낸 소설 속 주인공인 돈키호테보다 더 불운한 삶을 살았으면서도 돈키호테 특유의 자신감과 유머를 잃지 않았다. 고통이 온다 해서 절망에 빠지는 것이야말로 진짜 불행의 시작이라고 작품을 통해 끊임없이 강조했다. 견디기 힘든 척박한 시대를 살지라도 한 번뿐인 삶을 정직하고 용기 있게 개척하고 두려움과 맞서 싸우라고 힘을 북돋웠다. 자신도 죽기 직전 완성한 유작 '사랑의 모험'의 서문에 이같은 말을 남겼다.

"모든 시간은 계속해서 이어지는 것이 아닙니다. 아마도 이 끊어진 실을 이으면서, 내가 여기서 쓰지 않은 것들, 그리고 잘 어울렸던 부분들을 언급할 시간이 올 겁니다. 안녕, 아름다움이여. 안녕, 재미있는 글들이여. 안녕, 기분 좋은 친구들이여 만족스러워하는 그대들을 다른 세상에서 곧 만나길 바라면서 난 죽어가고 있다오!"

1분 1초가 아쉬운 현대인에게는 돈키호테도 세르반테스도 그저 무모한 이상주의자에 지나지 않을지 모른다. 불가능한 꿈을 좇는다는 것은 시간 낭비일 뿐이라고 생각할 수도 있다. 취업하거나 직장에서 살아남으려면 불가능한 것보다는 가능한 일에 매달리는 것이 합리적이라고 자위하면서 말이다.

그래서일까. 요즘 현대인들은 포기도 빠르다. 조금만 힘들면 안 되는 것이라 생각하며 그냥 손을 놓아버린다. 2009년 기획재정부 실업통계로는 학원이나 집에서 취업을 준비하는 59만 명 중 8.9%인 5만 명만이 취업을 원했고, '쉬고 있다'고 답한 147만 명 중에선 18만 명(12.2%)만이 취업희망자로 분류됐다.

'취업 빙하기'란 이야기가 나올 정도로 흉흉한 취업시장에 뛰어들어 정력을 낭비하느니 아예 그냥 놀면서 시간을 흘러버리겠다는 이야기다. 이렇게 포기하는 사람들의 대부분이 '스펙'을 이유로 거론한다. 학벌, 학점, 토익점수, 인턴십, 자격증, 봉사활동 등 스펙 6종 세트가 없다는 핑계를 대면서 말이다.

그러나 이들이 간과한 것이 있다. 일반적인 예상과는 달리 요즘 기업에서는 무모한 도전을 즐기는 돈키호테와 같은 인재를 원한다는 사실이다. 2009년 초 한국능률협회컨설팅(KMAC)이 국내 주요 기업 인사담당자 100명을 대상으로 '우수한 인재의 조건'에 대해 물었더니 절반에 가까운 49%가 '새로운 것에 대한 도전과 실행력'을 맨 먼저 꼽았다. '조직적합성'(24%), '전문성'(22%), '친화력'(5%) 등의 요건을 크게 앞서는 수치다.

반면 같은 질문에 대해 300명의 구직자들은 '전문성'(46.7%)을 '도전과 실행력'(26.3%)보다 훨씬 많이 꼽았다. 돈키호테의 도전정신이 구직자들보다 기업 인사담당자들이 높게 평가하고 있다는 이야기다. 이에 대해 KMAC는 경제 환경이 어려워질수록 스펙은 떨어지더라도 실천과 변화에 강한 '돈키호테형' 인재를 선호하는 경향이 있다고 설명했다.

어디 이뿐일까. '무도빠'(무한도전의 광팬)를 양산할 정도로 인기를 끌고 있는 MBC TV 예능프로그램 '무한도전'의 원래 이름은 '무모한 도전'이었다. 황소와의 줄다리기부터 시작해 댄스스포츠, 벼농사, 미국 뉴욕에서 한국음식 알리기, 전국 돌아이 콘테스트 등 기존 예능 프로그램에서는 보기 어려운 돈키호테식의 어려운 미션을 수행하면서 시청자들을 끌어들였다. 예능 프로에서 도대체 왜 저렇게 힘든 도전을 하느냐는 이야기가 나올 정도였다. 특히 아마추어가 도전하기에는 불가능한 것으로 여겨졌던 봅슬레이와 레슬링 특집에서 멋진 모습을 선보인 멤버들에게는 찬사가 쏟아지기도 했다. 오랜만에 눈물을 흘렸다는 감동사연도 게시판을 뒤덮었다.

때로는 성패를 중요하게 생각하지 않고 최선을 다하는 이런 무모한 도전이 사람의 마음을 움직인다. 이룩할 수 없는 꿈을 꾸고, 잡을 수 없는 저 하늘의 별을 잡으려 했던 세르반테스처럼 말이다.

현대자동차 상용영업지원팀 김세미

"4번 타자처럼
'한 방' 날려라"

(메트로신문 2009년 11월 3일자)

"4번 타자가 되고 싶습니다. 선배들이 득점 기회를 만들어주시면 멋진 만루 홈런으로 보답할 자신이 있습니다. 멋진 플레이를 선보여 모든 국민들을 우리 회사의 열렬한 서포터로 만들겠습니다." 야구를 좋아하는 면접관이라면 귀가 번쩍 트일 만한 자기소개다. 게다가 '야구 문외한'으로 여겼던 여자 지원자라면 더욱 그러할 터. 웬만한 남자들도 부러워할 만한 자신감과 열정으로 똘똘 뭉친 현대자동차 상용영업지원팀 김세미(27) 사원은 이처럼 입사과정에서부터 톡톡 튀는 자신만의 매력으로 화제를 모았다.

"남성이미지가 강한 현대자동차에 입사하려면 여성이 자동차와 스포츠에 대해 모를 것이란 편견을 깰 전략이 필요하다고 생각했습니다. 그래서 자기소개서에는 세차장 아르바이트 경험을 소개했고 임원

면접의 '100초 스피치'에서는 남자 못지않은 야구 마니아임을 강조했죠. 그랬더니 면접이 끝나자마자 한 면접관이 저를 '4번 타자'라고 불러주시더라고요."

김씨는 취업준비 과정도 남달랐다. 우선 계획성 없이 수십 곳에 원서를 뿌리는 다른 친구들과는 달리 원하는 회사를 10여 개로 추려 맞춤형으로 지원했다. 또 학점·토익·공모전 등 스펙에 매달리기보다는 자신만의 강점을 찾기 위해 노력했다.

"독창성을 잃을까 봐 다른 사람의 자기소개서는 거의 보지 않은 대신 제 소개서를 들고 선배들을 찾아다니며 조언을 구했습니다. 또 도서관 책상에만 앉아 있기보다는 많은 사람들과 이야기를 나누며 경험을 쌓았죠. 스터디도 잘못된 점을 말하기 어려워하는 친구들보다는 단점을 독하게 지적할 수 있는 다른 학교 학생들과 했습니다."

'잘 나가는 회사는…' 공동저자에 커리어 강연도 나서

이런 노력 덕분에 대학 졸업 때 보통학점에 어학연수, 공모전 같은 스펙도 갖추지 못했고 게다가 여성이라는 약점까지 지녔던 김씨는 2007년 남들이 부러워하는 현대자동차에 당당히 발을 들여놓을 수 있었다.

김씨의 이런 노하우가 소문나면서 지난여름에는 '잘나가는 회사는 왜 나를 선택했나'(케이펍 펴냄)의 공동저자로 참여했다. 또 지난달 초에는 취업포털 커리어 초청으로 구직자 대상 강연에 니시기도 했다.

이런 '행운'들이 모든 일을 항상 긍정적으로 생각하는 어릴 때부터의 습관 덕분이라고 김씨는 말했다.

"취업준비 과정에서나 직장생활에서 짜증나는 일은 물론 있었습니다. 그러나 역으로 생각하면 저를 단련시킬 좋은 기회일 수 있기 때문에 최대한 즐기려고 노력하죠. 그랬더니 얼마 전 건강검진에서 스트레스 지수가 거의 제로로 나왔다고 의사가 놀랄 정도였답니다."

능력만 있다면 여성이 남자들보다 더 주목받을 수 있다고 강조하는 김씨에게 '여성 차별의 벽'이 두렵지 않은 당당한 4번 타자의 포스를 느낄 수 있었다.

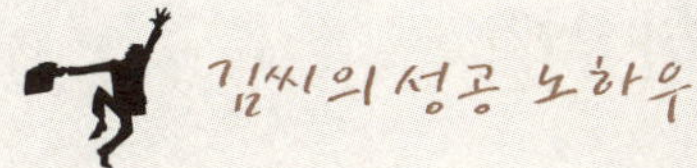

1. **책상을 벗어나라** : 도서관에서 책만 파서는 살아 있는 지식을 얻을 수 없다. 다양한 사람들과 부딪치고 함께하는 과정에서 실용적인 지식을 배울 수 있다.

2. **긍정적인 마인드를 가져라** : 세상은 제로섬 게임과 같다. 예를 들어 여자이기 때문에 당하는 불이익만큼 여자인 덕분에 얻을 수 있는 혜택도 있다. 모든 일을 이런 식으로 생각하다 보면 자신감이 덤으로 생길 수 있다.

3. **자신만의 매력을 뽐내라** : 회사는 처음부터 '슈퍼맨'을 요구하지 않는다. 학점·어학연수·공모전 등 남들과 똑같이 해서는 주목받기 어렵다는 이야기다. 스펙 쌓는 노력을 조금 줄이고 자신만의 무기를 갈고 닦는데 공을 들이는 것이 바람직하다.

4. **꿈에 집중하라** : 꿈도 목표도 없이 여기저기 지원서를 뿌리는 것은 자살행위와 같다. 진정 원하는 목표를 설정하고 맞춤형으로 준비해야 꿈을 이룰 수 있다.

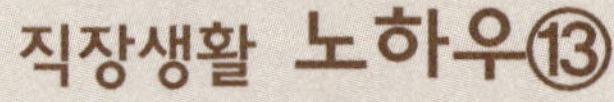

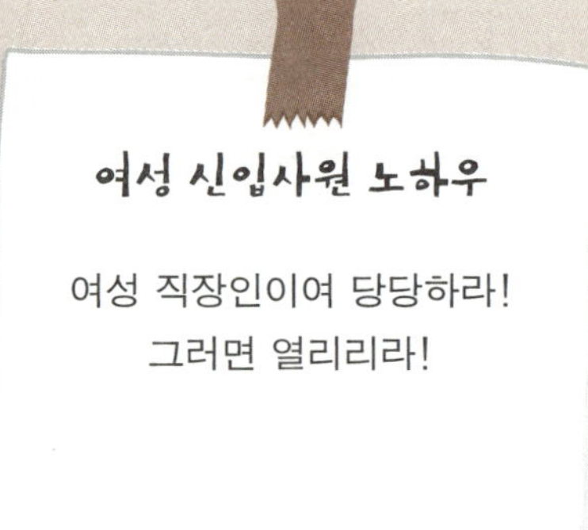

최근 중견 유통회사에 입사한 이정미(24·가명) 씨. 두 명의 남자직원과 함께 같은 부서로 발령이 났지만 커피 심부름은 항상 이씨의 몫이다. 처음에는 '사무실에서 내가 막내니까…'하며 애써 참았지만 이제는 커피 노이로제에 걸릴 정도다.

최근 여성의 사회 진출이 크게 늘어나고 있지만 아직 여성 직장인이 제대로 대우받는 직장이 드문 게 현실이다. 커피심부름 등 잡무에 술자리를 강요당하는 경우까지 있다. 전문가들은 남성과 똑같은 시험을 통해 입사한 만큼 여성이 좀 더 자신감을 갖고 당당하게 업무에 임할 필요가 있다고 충고한다. 커리어 컨설턴트 신혜정 연구원의 도움을 받아 여성 신입사원의 직장생활 노하우를 알아본다.

◆ **자신감으로 무장하라** : 취업난 속에서 실력을 인정받아 입사했기에 스스로 자부심을 갖고 행동할 필요가 있다. '나이도 어린데' '아직 잘 모르는데' 하는 자신감이 결여된 생각을 하는 것은 금물. 신입사원답게 무엇이든지 열심히 배우고 노력하는 자세가 중요하다. 배우면 무엇이든 잘할 수 있다는 적당한 자신감을 내비치는 것도 때로는 필요하다.

◆ **Yes · No는 분명하게** : 직장생활에서 무조건적인 'Yes'는 좋은 의사표현이 아니다. 상사에게 업무와 관련되지 않은 심부름이나 도를 넘어서는 요구를 받았을 때는 우물쭈물 넘어가지 말고 최대한 예의를 갖춰 의사를 표현하도록 한다. 감정적으로 대처하지 말고 "죄송하지만…저는 이렇습니다"라고 분명하게 자신의 의사를 밝히는 것도 필요하다.

◆ **사소한 것에 얽매이지 마라** : 직장은 사회의 축소판으로 그동안 만나 왔던 사람들보다 훨씬 다양한 사람이 존재한다. 선배 · 상사에 하물며 입사 동기까지 자신과 맞지 않는 부분이 보이게 마련이다. '저 사람은 말투가 왜 저래' '내가 무슨 잘못을 했기에 저러지?' 등 주위 사람들의 일거수일투족을 생각하다 보면 고스란히 자신의 스트레스로 돌아온다. 스스로 판단해 사소한 것이라면 그냥 넘길 줄 아는 지혜도 필요하다.

◆ **잘못한 것은 떳떳이 인정하라 :** 입사 초기에는 실수만 하다가 퇴근하는 경우가 있을 정도로 어려운 점이 많다. 업무에 관한 일뿐만 아니라 사소한 에티켓까지 지적받을 수 있는데, 이때 머리를 긁적이거나 '어, 그게…' '사실은, 저…' 등과 같이 말끝을 흐리는 행동은 하지 않도록 한다. '네, 앞으로 주의하겠습니다' 등 자신이 잘못한 부분에 대해서는 또렷한 말투로 대답하고 고쳐나가는 모습을 보이도록 한다.

◆ **옷차림에도 신경 쓰라 :** 회사는 학교가 아니다. 대학 때 자주 입고 다녔던 귀엽고 앙증맞은 티셔츠나 깊게 파인 옷은 가급적 피하도록 한다. 종종 깊게 파인 옷을 입어 상사에게 잔소리를 들었다며 불쾌해하는 사례가 있는데 이는 잘못된 생각. 깊게 파이거나 불편한 옷은 매무새를 신경 쓰며 일해야 하기 때문에 오히려 업무에 방해되기 때문이다.

미쳐야(狂)
미친다(及)

인류의 위대한 유산 중 하나인 만유인력법칙을 발견한 아이작 뉴턴은 수많은 일화를 남긴 것으로 유명하다. 그런데 대부분이 연구에 한번 빠지면 결론을 얻을 때까지 연구실에서 나오지 않는 그의 특이한 습관에서 비롯된 것이라 눈길을 끈다.

가장 대표적인 일화는 '난로 사건'이다. 어느 추운 겨울날, 뉴턴은 몇 시간째 시간 가는 줄 모르고 연구에 매달려 있었다. 그런데 뉴턴이 앉아 있었던 책상 옆 난로가 문제였다. 처음에는 손이 시리도록 매서운 추위를 녹일 수 있어 좋았는데 오랫동안 불이 달궈지면서 난로가 점점 뜨거워지기 시작했다. 급기야 옷이 타들어갈 지경에 이르렀지만, 연구에 한번 정신이 팔린 뉴턴은 책상에 그대로 앉아 있었다. 결국 화상을 입은 뉴턴은 하인을 급하게 불렀다.

하인이 도착하자 뉴턴은 불에 덴 곳을 어루만지며 당부했다.

"제발 저 난로를 좀 옆으로 옮겨주게."

그러자 하인이 어처구니가 없어 작은 목소리로 속삭였다.

"주인님, 난로를 옮기는 것보다 주인님이 난로에서 조금 떨어져 앉으시는 것이 어떨까요."

그러자 뉴턴은 중얼거렸다.

"음 그렇군."

그러고는 뉴턴은 의자를 조금 움직여 앉고 다시 연구에 빠져들었다고 한다.

'불광불급'(不狂不及). '미쳐야(狂) 미친다(及)'로 통용되는 이 말은 미쳐야 경지에 오를 수 있다는 의미로도 쓰인다. 미치지 않으면 성공할 수 없다는 이야기로도 풀이된다. 화상을 입은 것도 모를 정도로 연구에 미쳤던 뉴턴이 만유인력법칙을 비롯해 뉴턴의 운동법칙, 수학의 미적분법 등 근대 물리학, 천문학, 수학의 역사를 다시 쓰는 위대한 발견들을 해낸 것처럼 말이다. 이 때문에 '열심히 하는 사람은 즐기며 하는 사람을 당하지 못하고, 즐기며 하는 사람은 미쳐서 하는 사람을 당하지 못한다'는 말도 있다. 그만큼 한가지 일에 미친다는 것은 우리의 상상을 뛰어넘는 엄청난 파워를 내뿜는다.

'불광불급'으로 성공을 일궈낸 사람은 뉴턴만이 아니다. '천재는 99%의 노력과 1%의 영감으로 만들어 진다'라는 말을 남긴 토마스 에디슨은 65살의 나이에도 일주일에 112시간씩 연구실에서 일한 것으로 유명하다. 에디슨이 얼마나 연구에 몰두했던지 먹는 것과 옷을 갈아입는 것도 잊어버려서 아내가 연구실까지 갖다 주었다는 일화가 있을 정도다. 특히 1만5000여 번의 실패를 통해서 만들어진 백열등은 그의 '미침'의 최고 결정판이다.

헤밍웨이도 소설 '노인과 바다'의 원고를 탈고할 때 무려 200번 이상이나 고쳐 썼다고 알려졌다. 어디 이뿐일까.

억만장자 투자자이자 '헤지펀드의 대부'로 불리는 조지 소로스는 한 언론과의 인터뷰에서 성공 노하우를 묻는 기자에게 이런 말을 남겼다.

"나는 내가 산 주식이 급등하는 꿈을 자주 꾸곤 했는데 내가 깨어났을 때 그것이 꿈인지 실제인지 분간하기 어려운 때가 잦았다."

그만큼 자신의 일에 미쳐 있다는 이야기다. 미쳐 있다는 말을 좀 고상하게 표현하면 '몰입'이다. 특정한 일에 만사를 제쳐놓고 몰두하는 상태를 말한다. 물론 부정적인 의미로 사용되는 중독과는 구별된다. 알코올 중독, 도박 중독, 게임 중독처럼 말이다. 백해무익한 이런 중독과 달리 몰입은 '생산적인 중독'이라고도 할 수 있다.

그런데 이런 몰입은 왜 발생하는 걸까. '몰입의 즐거움'을 연구해 온 서울대 황농문 교수는 몰입된 상태에 들어가면 즐거움과 쾌감이 증폭돼 자신감과 의욕이 솟구치는 최상의 컨디션이 유지된다고 설명한다. 한 가지 일에만 매달리는 것이 지겨움과 짜증을 불러일으키기보다는 오히려 행복감까지 가져다준다는 이야기다. 게다가 몰입상태에 들어가면 유용한 아이디어는 물론 오랜 시간 동안 고민했던 문제에 대한 지혜로운 답도 떠오른다.

뉴턴이 사과가 떨어지는 것에서 우연히 만유인력의 법칙을 발견한 것도 바로 몰입했던 덕분이다. 아무 생각 없이 사과나무 아래서 갑자기 만유인력의 법칙을 깨달았던 것이 아니라 그전에 수도 없이 많은 시간 동안 역학법칙에 대해 고민해왔던 결과물이라는 이야기다. 실제로 어떻게 만유인력을 발견했느냐는 질문에 뉴턴은 '내내 그 생각만 했으니까'라고 대답하기도 했다.

이런 몰입의 즐거움은 위대한 사람들만 누릴 수 있는 것일까. 실은 우리 주변에서도 흔히 볼 수 있다. 다른 사람이라면 1주일 걸릴 일을 동료가 하루 만에 끝낸다면 우리는 보통 "쟤 미쳤나 봐"라고 한다. 열심히 공부해서 갑자기 성적을 올린 친구에게도 "너 미친 거 아냐?"라며 부러워하기도 한다. 또 한 가지 취미생활이나 운동에 몰두했던 즐거운 경험이 있는 사람들도 많다.

그뿐만 아니다. 우리 국민이라면 대부분 한 번쯤은 이런 몰입 상태를 경험한 적이 있다. 바로 '2002년 월드컵 열기'가 한국인이 경험한 집단적 몰입이었다. 평상시 축구에 관심 없던 사람들도 너나 할 것 없이 축구의 마력에 빠져들었고 이렇게 축구에 미친 사람들이 광장으로 쏟아져 나왔다. 그 열기는 누구도 상상하지 못했던 월드컵 4강이라는 신화를 만들어 냈다. 돌이켜보면 용광로 같은 열기를 내뿜었던 당시 대한민국은 그야말로 행복했다. 무엇인가에 몰입하는 것이 행복할 수 있다는 사실을 월드컵을 통해서 체험한 셈이다.

이처럼 몰입은 성취감으로 인한 희열을 느끼게 해준다. 이를 통해 능력을 최대로 발휘하도록 도와준다. 그럼 몰입하려면 어떻게 해야 할까. 미국 클레어몬트대 심리학과 칙센트 미하이 교수는 3단계 방법을 제시하고 있다. 우선 무엇을 원하는지 명확하게 알아야 하고 그다음으로 지금 하고 있는 것에 대한 확실한 피드백을 얻어서 나중에 더 잘 알 수 있어야 하고 마지막으로 하는 행동에서 요구되는 도전과 요구에 맞는 능력이 균형을 이뤄야 한다. 이때 자신의 능력보다 조금 높은 목표를 세우는 것이 몰입도를 높일 수 있다고 교수는 충고했다.

이 세상에 몰입해서 이루지 못할 일은 없다. 몰입할 일이 작은 일이라도 상관없다. 오늘날은 전문가가 각광을 받는 시대다. 그러므로 자기만의 전공을 가지고 10년만 무섭게 파고들어 보아라. 잘 안된다면 미친 척이라도 해봐라. 마치 중독된 것처럼 몰입하다 보면 정말 미치게 될 것이고, 완전히 미치면 남들이 깨닫지 못한 다른 세상을 보게 될지도 모른다. 사과가 떨어지는 단순한 자연현상에서 인류사에 길이 남을 만유인력의 법칙을 발견한 뉴턴처럼 말이다.

자격증 12개
'즐거운 중독환자'

(메트로신문 2009년 12월 15일자)

컴퓨터 그래픽스 운용기능사, ITQ 자격인증 엑셀 A등급, 인터넷 정보기사 1급, 유통관리사 등 고등학교 때부터 획득한 자격증만 12개다. 매년 한 개 이상의 자격증을 딴 셈이다. 남들이 하나도 끝내기 어려운 휴넷 MBA, 마케팅 MBA, 서비스전문가 과정 등을 직장생활 4년 만에 모두 마스터했다. 그런데도 '꿀벅지' '초식남' 등 각종 신조어를 죄다 꿰고 있다. '선덕여왕' '개그콘서트' 등 인기 TV프로그램도 남들 못지않게 본다. 공부는 물론 취미생활까지 두 마리 토끼를 잡은 주인공의 노하우는 어떤 것일까.

평생학습업체인 휴넷 마케팅본부 웹서비스 기획팀에서 근무하는 강미경(27) 선임은 사내에서 '열정미경'이란 별명으로 통한다. 입사 때 면접관들을 한눈에 사로잡은 톡톡 튀는 매력이 워낙 유명하기 때문이란다.

"도서·교육 지원 등이 훌륭한 것으로 알려진 휴넷에 입사하고 싶어서 자기소개서를 광고형식으로 만들었습니다. '왜 휴넷은 강미경을 뽑아야 하는가'를 주제로 사례별 이유를 나름대로 적어봤죠. 그랬더니 입사 후 제가 꼭 하고 싶었던 메일링서비스인 '조영탁의 행복한 경영이야기'의 '발송 사무국장' 자리에까지 앉게 됐습니다."

강 선임은 조영탁 대표가 매일 아침 130만 회원에게 전하는 메시지를 예쁘게 포장해 이메일로 발송하는 업무를 4년째 담당하고 있다. 덕분에 다른 직원들이 놓치기 쉬운 대표의 버릇까지 알게 됐단다. 그냥 넘어갈 법도 한데 강 선임은 올해 초 직원용 이메일 사보를 만들어 폭발적인 인기를 얻었다.

"조 대표가 직원들에게 입버릇처럼 하는 '잘되고 있어'란 말을 유머러스하게 꾸며봤습니다. 다른 직원들의 재미난 버릇까지 넣어 이메일로 뿌렸더니 하루 종일 화제가 됐죠. 대표도 재미있어 하며 '다음 호는 언제 나오느냐'고 할 정도로 관심을 보였답니다."

공부시간 확보 위해 이사까지

이처럼 회사 업무에서 독특한 재미를 찾고 있는 강 선임은 공부에 대한 열정에서도 누구에게 뒤지지 않는다. 단국대 전자컴퓨터 학부를 졸업한 그는 휴넷에 입사한 후 출퇴근 시간을 줄이고 공부시간을 확보하기 위해 이사까지 했을 정도다.

"집에서 회사가 있는 구로까지 다니려면 하루 2시간씩을 길거리

에서 허비해야 합니다. 입사가 결정되자마자 회사 근처 고시원을 찾았죠. 덕분에 하루 1시간씩 1년 365시간을 공부해야 하는 휴넷 사내제도인 '365학점'을 매년 초과달성했습니다."

이미 12개의 자격증이 있는 강 선임은 현재 국제 자격증 PMP(국제공인프로젝트 전문가)에 도전 중이다. 긴장감을 갖고 꾸준히 공부하기 위해서는 자격증만큼 좋은 것이 없다는 설명이다. 그렇다고 많은 시간을 공부에 투자하는 것은 아니다. 트렌드에 민감한 웹 기획 업무를 하기 위해서는 인터넷은 물론 인기 TV프로까지 빼놓지 않고 챙겨야 하기 때문이다.

"공부에 너무 많은 욕심을 부리면 금방 질리게 됩니다. 매일 한 시간씩 꾸준히 하다 보면 어느 순간부터는 하루라도 공부를 거르면 불안해지는 '중독' 증상까지 오기도 하죠. 이런 버릇만 들인다면 따지 못할 자격증은 없습니다."

강선임의 공부 비법

1. **공부도 중독된다** : '운동중독'이란 말이 있듯이 공부도 하루라도 거르면 불안해질 수 있다. 매일 특정시간에는 꼭 책상에 앉는 버릇을 들이는 것이 좋다.

2. **자격증을 활용하라** : 목표가 있어야 꾸준히 공부할 수 있다. 맡은 업무에 필요한 자격증을 하나씩 정복한다는 심정으로 도전하는 것이 필요하다.

3. **새로운 것에 눈을 떠라** : 요즘 유행하는 TV나 신조어 등 트렌드에 민감해야 한다. 참신한 아이디어는 물론 새로운 자격증에 대한 정보도 얻을 수 있다.

4. **출퇴근 시간을 아껴라** : 출퇴근 시간을 하루 30분씩만 줄여도 1년이면 200시간 가까이 확보할 수 있다. 이 시간이라면 웬만한 자격증 하나쯤을 취득할 수 있다. 싱글이라면 과감히 회사 근처로 숙소를 옮기는 용기가 필요한 이유다.

"사회생활 첫걸음 잘해야 하는데…."

전례 없는 고용 한파를 뚫고 합격의 영광을 안았지만 신입사원의 마음 한편에는 이런 고민이 생기기 마련이다. 말 한마디로 사랑받을 수 있고, 행동 하나로 미운털이 박힐 수 있는 게 직장생활이기 때문. 신입사원으로 살아남기 위해선 구직에 버금가는 노력이 필요하다는 이야기다.

'언니의 취업가게'(cafe.naver.com/workingstore)를 운영하는 신길자 취업컨설턴트에게 '상사에게 사랑받는 신입사원 노하우'를 들어본다.

◆ **기본을 지켜라** : 될성부른 나무는 떡잎부터 알아본다고 했다. 회사를 사랑하는 마음으로 회사 제품을 애용하는 것은 물론 소모품

도 최대한 아끼는 모습을 보여야 한다. 특히 출근·점심시간 등을 정확히 지키고 주어진 업무는 될 수 있으면 기한 내에 처리해야 인정받을 수 있다.

해당 업종에서 자주 쓰는 전문용어를 빨리 익히고 각종 프로젝트나 회식·행사 등에도 적극적으로 참여해야 한다. 책상 정리, 인사·전화 매너, 걸음걸이도 신입사원이 지켜야 할 기본이다.

◆ 5W2H로 생각하라 : 5W2H는 육하원칙(누가, 언제, 무엇을, 어디서, 왜, 어떻게)에 경제성을 고려한 '얼마나'(How much)를 더한 표현이다. 무엇을 해야 하고(What), 언제까지 끝내야 하며(When), 어디서 필요한 정보를 구하고(Where), 이 일을 왜 하는지 이해하고(Why), 누구에게 보고하며(Who), 어떤 방식으로 일하고(How), 비용이 어느 정도 필요한지(How much)를 기억하면서 업무에 임한다면 상사에게 인정받을 수 있다.

◆ 잡무에서 그 이상을 배워라 : 잡무는 중요업무를 잘 다루기 위한 기초공사이며, 때론 업무태도를 확인하기 위한 시험대일 수도 있다. 따라서 잡무를 즐거운 마음으로 해내는 모습을 보여야 한다. 잘 해내면 책임있는 업무가 보상으로 주어진다는 점을 명심해야 한다.

◆ 듣는 것도 질문도 '잘' 하라 : 신입사원에게는 말하는 것보다 듣

는 태도가 중요하다. 선배의 체험담을 듣고 사고방식을 배우는 것은 커다란 공부가 된다. 그렇지만 하나에서 열까지 전부 물어서 배우려고 하는 것은 좋지 않다. 너무 성의 없어 보이고 기본적인 것도 모른다는 핀잔을 들을 수 있기 때문이다. '이 부분이 궁금해서 이런 것을 알아보았는데, 이런 점이 불명확해서 조언을 구한다' 같은 형식으로 질문하는 것이 좋다.

◆ **자신만의 캐릭터를 만들어라** : 기억에 남는 신입사원이 되기 위해 자신만의 캐릭터를 만드는 게 중요하다. 인사 잘하는 신입사원, 잘 웃는 신입사원, 메모 잘하는 신입사원, 정리 잘하는 신입사원 등 자신만의 좋은 이미지를 구축하는 것이 바람직하다. 상사보다 먼저 출근하고 좀 더 회사에 남아 할 일이 없을까를 생각하는 것도 좋은 평가를 얻는 비결이다.

결국 꾸준함이
이긴다

먼 옛날 중국 태행산과 왕옥산이라는 두 산 사이에 곧 90살이 되는 우공이라는 노인이 살고 있었다. 우공은 큰 산이 집 앞을 가로막아 먼 길을 돌아다녀야 하는 불편이 계속되자 가족을 모아놓고 이렇게 물었다.

"나는 저 두 산을 깎아 없애 길을 내고 싶은데 너희 생각은 어떠냐?"

모두 찬성했으나 그의 아내만은 펄쩍 뛰며 반대했다.

"아니, 당신의 힘으로 어떻게 저 큰 산을 깎아 없앤단 말인가요? 도저히 불가능해요."

아내의 반대에도 불구하고 우공은 이튿날 아침부터 매일같이 세 아들과 손자를 데리고 돌을 깨고 흙을 파내기 시작했다. 그러던 어느 날 소문을 듣고 지혜롭다고 소문난 지수라는 사람이 찾아왔다.

　"당신과 당신 가족의 힘으로는 평생 가야 산의 귀퉁이도 허물기 어려운데, 어떻게 큰 산의 돌과 흙을 옮긴단 말이오?"

　"비록 내가 죽어도 자식이 있으니 자식이 손자를 낳고 그 손자가 또 자식을 낳으면 자자손손 끝이 없으나, 산은 더 불어나지 않으니 어찌 어려운 일이라고 할 수 있겠소."

　지혜롭다는 지수조차 아무 말도 못 했다. 그런데 이 말을 듣고 깜짝 놀란 것은 두 산을 지키는 산신령이었다. 산신령은 진짜 산이 없어질까 두려워 옥황상제에게 상황을 설명했다. 우공의 우직함을 감안할 때 자신이 지키는 산이 언젠가는 없어질지도 모른다고 하소연했다. 이에 옥황상제는 산을 다른 곳으로 옮겨주었다고 한다.

　너무도 유명한 고사성어 '우공이산'(愚公移山 · 우공이 산을 옮긴다)의 유래다. 열자(列子)의 탕문편(湯問篇)에 나오는 이 고사성어는 남이 보기엔 불가능할 것처럼 보이지만 어떤 일이든 끊임없이 노력하면 반드시 이루어진다는 뜻을 지니고 있다. 하고자 마음만 먹으면 못해낼 것이 없다는 가르침도 담고 있다.

　하지만 많은 사람들은 이것은 고사성어일뿐이라고 치부하곤 한다. 1분 1초가 아까운 시대에 10년 아니 100년 후를 내다보고 사는 것이 과연 가능한 일이냐는 하소연도 있을 것이다. 오히려 우공을 비웃은 지수를 더 현실적이라고 생각하는 사람도 많을 듯하다.

　과연 '우공이산'은 고사성어에만 나오는 일일까. 최근 중국 랴오닝 성 후루다오시 롄산구 신타이먼진 샤오핑타이즈촌에서는 현대판 우공이산이 실현돼 화제가 되고 있단다.

지방정부의 손길이 미치지 못하는 중국의 이 산골 마을 주민 100여 명이 최근 해발 500m 높이의 산을 개척, 이웃 마을인 젠창현현 야오왕먀오 스장즈촌 등을 연결하는 도로를 내는 데 성공했다고 한다. 신타이먼과 스장즈 마을은 직선거리로는 7~8km에 불과하지만 높은 산에 가로막혀 오가려면 100km를 우회해야 했다. 태행산과 왕옥산 때문에 먼 길을 돌아가야 했던 우공처럼 말이다.

이 때문에 친지들조차도 1년에 한두 차례만 왕래하는 등 산을 사이에 둔 두 마을 주민들은 어쩔 수 없이 거의 발길을 끊고 살아야만 했다.

그러던 중 2010년 5월 샤오핑타이즈의 한 석공이 우공처럼 나섰다. 산 너머 마을과 잇는 길을 낼 것을 제안하고 주민들을 설득하기 시작한 것. 처음에는 고개를 내젓던 마을 사람들도 이 석공의 끈기에 감복되어 도로 개설에 힘을 보태기 시작했다. 하루도 빼먹지 않고 함께 삼륜차와 괭이, 삽을 챙겨 부지런히 우거진 수목을 뽑아내고 바위를 캐낸 뒤 평탄 작업을 하면서 산길을 개척했다. 집채만 한 바윗덩어리가 나타나 도로 개설이 난관에 부딪히자 십시일반 2만여 위안의 돈을 모아 굴착기를 동원, 제거하기도 했다.

이 소식이 알려지자 반대편 스장즈촌 주민들도 합세했다. 양쪽에서 길을 내기 시작한 것이다. 공사 속도가 빨라진 것은 물론이다. 처음에는 1년 이상 걸릴 것이라던 두 마을을 잇는 도로는 불과 한 달여 만에 완성됐다. 우공과 같은 우직한 실천이 마침내 새로운 역사를 만들어낸 셈이다. 물론 이 같은 소식은 외신을 타고 국내에도 알려졌다.

옛날 이야기로 치부했던 '우공이산'이 초스피드 시대에 살고 있는 현대에서도 재현됐다는 사실이 너무 놀랍지 않은가. 우공이나 석공과 같은 우직함과 끈기만 있다면 이 세상에서 하지 못할 일이 없을 것 같다. 그런데 놀랄 일은 이것이 끝이 아니다. 진짜 우공과 같은 끈질긴 집념을 바로 가장 스피디한 미국에서도 만날 수 있다.

우리나라 교과서에도 실릴 정도로 유명한 너데니엘 호손의 소설 '큰 바위 얼굴'은 조지 워싱턴, 에이브러햄 링컨, 토머스 제퍼슨, 시어도어 루스벨트 등 미국 전 대통령들의 얼굴을 새긴 거대한 두상을 소재로 하고 있다. 미국 중서부 사우스다코타주 러시모어 산에 있는 이 조각상은 1927년부터 1941년까지 14년에 걸친 작업 끝에 완성됐다.

그런데 불과 27km 떨어진 곳에 수우족 추장이었던 인디언 전사 크레이지 호스(1842~1877)의 얼굴이 새겨지고 있다는 사실은 아는 사람은 드물 것이다. 인디언 전통문화와 영토를 지키기 위해 미국 정부와 목숨을 걸고 싸우다 최후를 맞은 전설적인 인디언 전사를 기리기 위해 큰 바위 얼굴보다도 더 큰 규모인 폭 195m에 높이 172m 크기로 만들어지고 있는 이 조각상은 폴란드 출신의 조각가 코자크 지올코브스키에 의해 1948년 6월 3일 시작됐다. "인디언에게도 백인처럼 위대한 영웅이 있다는 것을 알게 해 달라"는 수우족 추장의 부탁을 받아들여 세계 최대의 조각상에 도전한 것이다. 30년을 넘게 홀로 작업을 하던 지올코브스키는 1982년 조각상의 완성을 보지 못하고 그만 눈을 감고 만다. 세계 최대의 조각상 건설이 물 건너갈 위기에 처한 것이다. 그러나 지올코브스키의 숭고한 정신과 끈기를 이어받은 부인과 자녀들은 '우공이산'처럼 다시 작업에 매달리기 시작했다. 60여 년이 지난 현재 완성된 것은 머리 부위. 크기는 26.5m이다. 아직 언제 완공될지는 아무도 모른다고 한다.

그러나 이 조각상의 완성을 의심하는 사람은 주변에 거의 없다고 한다. 지올코브스키의 아내와 자녀들이 끝내지 못하면 그 자녀들이 또다시 도전할 것으로 믿기 때문이다. 매일매일 한 삽씩 퍼내 산을 움직인 우공과 그 자녀들처럼 말이다.

천리만리 머나먼 여행길도 처음의 한 걸음으로 시작해 마지막 한 걸음으로 마친다. 한 번에 많은 것을 하기보다는 한 번에 하나씩 꾸준히 하는 것이 더 중요하다는 이야기다. 아주 조금씩이라도, 매일 한 시간씩이라도 빼먹지 않고 실천하는 습관. 도저히 불가능해 보이는 큰 산을 옮기는 비결이다.

하루 한 시간이면
나도 작가

(메트로신문 2010년 2월 23일자)

"하루 한 시간씩만 자기 자신에게 투자하세요. 회사 일이 너무 바빠 업무시간 내에 짬을 내기 힘들다면, 남들보다 일찍 출근한다거나 퇴근 후 시간을 확보하는 것도 좋습니다. 이렇게 2년만 투자하면 무려 400시간을 자신에게 쓸 수 있게 됩니다. 이 정도 노력이면 책을 한 권 쓰는 것도 가능하지 않을까요."

야후코리아 정진호(39) 차장은 직장생활 12년 만에 무려 6권의 책을 펴낸 비결을 이렇게 설명했다. 본사에서 나온 신기술을 사내외 전문가에게 알리는 '에반젤리스트'의 역할과 제품 엔지니어, 사내외 강연까지 '1인 3역'을 하고 있지만 시간관리만 지혜롭게 한다면 하루 한 시간은 충분히 여유롭게 사용할 수 있다는 게 그의 주장이다.

"부장급 이하 직원들은 시간을 마음대로 선택하는 일이 힘든 경우가 대부분입니다. 따라서 많은 직장인이 신봉하는 '프랭클린 플래너' 등의 '소중한 것을 먼저 하기'를 무작정 쫓아하다가는 좌절에 빠지기 십상이죠. 일반 직장인에게는 'GTD'(Getting Things Done), 즉 '닥치는 대로 처리하기'가 더 어울립니다."

'GTD'는 해야 할 일 중 5분 안에 해결할 수 있는 일을 당장 처리하고 나머지는 남에게 위임하거나 나중으로 연기하는 방식이다. 또 해결하지 못할 것으로 판단되는 일은 과감하게 목록에서 지워가며 해야 할 일 숫자를 빠르게 줄인다. 이 같은 방식으로 업무를 하나씩 처리해나가면 일 처리 시간이 점점 빨라지고 자신을 위한 여유시간도 확보할 수 있다는 게 정 차장의 설명이다.

가족과의 경험이 큰 힘

외환위기가 한창이던 1998년 인하대 금속공학과를 졸업한 정차장은 취업을 위해 전공과는 다소 동떨어진 인터넷 업체인 야후코리아의 문을 두드렸다. 생소한 분야에서 살아남기 위해 당시까지 국내에 거의 소개되지 않았던 PHP언어 등 신기술에 매달렸다. 덕분에 야후코리아의 유일한 '에반젤리스트'로 성장할 수 있었다. 이런 현재의 성공에는 가족의 힘이 컸다고 정 차장은 설명했다.

"9년째 아내와 함께 '가족 블로그'를 운영하고 있습니다. 처음에는 육아일기를 올리는 게시판으로 시작했지만 사진, 여행, 독서 등 가족들의 관심사가 커지면서 콘텐츠도 점점 늘어나고 있죠. 인터넷 사용에 익숙하지 않았던 아내에게 블로그 등의 사용법을 설명하다 보니 주 업무인 에반젤리스트 활동에도 큰 도움을 받았습니다.”

9년의 내공이 쌓인 덕분에 이제는 아내가 아줌마들 사이에서 '블로그 전문가'로 불리고 있다고 자랑이다. 또 바쁜 업무로 힘들기는 하지만, 블로그 방문자에게 좋은 글을 보여주기 위해 가족여행도 정례화하고 책도 많이 읽게 되는 등 의무감까지 생겼다는 설명이다.

“인터넷 검색기술이 점점 발달하면서 중학생과 대학생이 접하는 정보의 차이가 점점 줄어들고 있습니다. 앞으로는 지식인보다는 지식에 경험까지 갖춘 지혜로운 사람이 대접받을 것이란 말이죠. 지혜로운 사람이 되기 위해서는 직접 경험하거나 다양한 사람을 만나고 책을 읽는 노력이 필요합니다. 초등학교 2, 6학년인 아이들은 물론 저 자신도 지혜로운 사람이 될 수 있도록 매일 새로운 경험을 가족과 함께 쌓을 생각입니다.”

하루 한시간씩만 꾸준히 투자하면 이 세상에 못할 일이 없다고 강조하는 정 차장의 미소 속에서 태산을 옮길 수 있는 삶의 지혜를 엿볼 수 있었다.

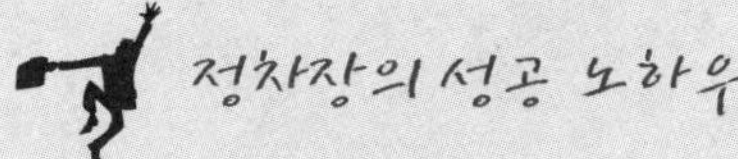

1. **하루 한 시간씩 투자하라** : 당장 한 시간이 별 볼일 없이 보일지 몰라도 한 달이면 30시간 1년이면 무려 365시간이나 된다. 아무리 불가능해 보이는 일도 10년 동안 한 시간씩 3,650시간만 투자한다면 반드시 성공할 수 있다.

2. **닥치는 대로 처리하자** : 하루 업무시간을 10이라고 할 때 8을 업무에, 나머지 2를 자신과 남을 위해 남겨 놓아라. 처음에는 힘들겠지만 GTD를 몸에 익히면 누구나 가능하다. 이래야 일에 허덕이지 않고 창의적인 발전도 가능하다.

3. **여행도 요령있게** : 여행 일정을 짜기 위해 블로그나 홈페이지만을 헤매서는 안된다. 가고 싶은 지역 행정기관 홈페이지에서 무료 관광안내지도를 신청해 받으면 편하다.

4. **책 첫 장에 색인을 만들어라** : 독서 중 눈에 띄는 문장이 있으면 책 맨 앞장에 간단히 메모하는 것이 좋다. 이렇게 하면 검색엔진을 돌리는 것처럼 앞장만 보고도 중요한 내용을 손쉽게 찾아볼 수 있다.

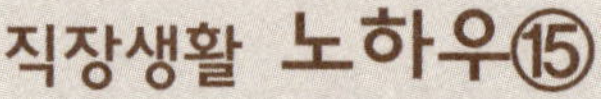

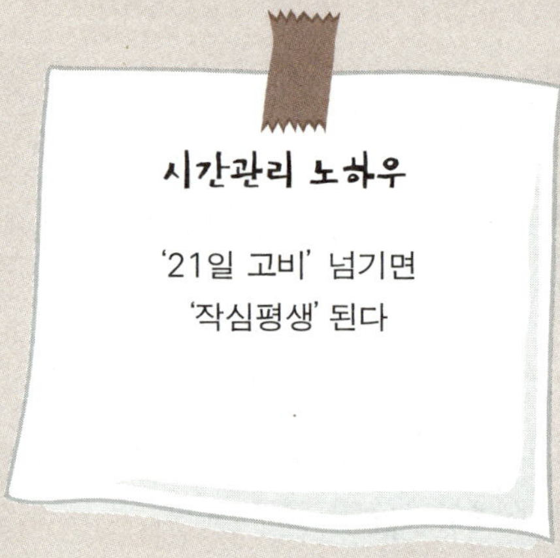

"작심삼일에서 벗어날 수 없을까?"

직장인이라면 한 번쯤 이런 고민을 하기 마련이다. 금연, 다이어트, 외국어 공부, 자격증 취득 등 다양한 계획을 세우지만 일주일도 채 지나지 않아 기억 너머로 사라지기 때문이다. '작심평생'을 실천할 수 있는 비법이 어디 없을까?

평생학습교육기업인 휴넷이 운영하는 '성공스쿨'(success.hunet.co.kr)은 지난 5년 동안 세계적인 성공학 대가들의 연구를 집대성해 '성공 플랜 5계명'을 개발했다.

연구를 담당했던 김지윤 팀장은 "성공을 위한 목표를 세울 때에는 5, 10, 20년 계획을 먼저 세운 후, 이를 바탕으로 올해 목표를 정하는 것이 바람직하다"라며 "이미 성공한 사람들이 전하는 성공 법칙과 노하우를 참조한다면 자신이 가진 잠재력을 발휘하는 데 큰 도움이 된다"라고 충고했다.

◆ 5가지 영역 이미지 표현 : 자신이 생각하는 성공의 기준과 의미를 명확하게 정의해야 한다. 이때 직업적, 경제적, 사회적, 신체적, 정신적 가치 등 5가지 영역으로 나눈 뒤 각 영역에 해당하는 내용을 글이나 이미지로 표현하는 것이 좋다.

이마저도 힘들다면 '삶의 마지막 순간에 사람들에게 어떤 사람으로 기억되고 싶은가?'에 대해 스스로 물어보는 것도 한 가지 방법이다.

◆ 실천계획 무조건 지켜라 : 일단 21일 동안 실천할 계획을 철저히 짜는 것이 바람직하다. 기존의 나쁜 습관을 버리고 성공을 몸에 익히는 데 필요한 최소한의 시간이기 때문이다. 전문가들의 연구에 따르면 좋은 습관을 21일 동안 의식적으로 실천하면 뇌의 시냅스(신경 간의 연결)가 더 많이 형성돼 생체 리듬까지 교정된다. 평생 습관으로 정착될 가능성이 커진다는 이야기다.

◆ 슬럼프 탈출용 주문 외워라 : 시간이 지나면 누구에게나 슬럼프가 찾아오기 마련이다. 이때 슬기롭게 슬럼프를 벗어날 수 있는 나만의 긍정주문 하나쯤은 미리 생각해두는 것이 바람직하다. '나는 최고의 전략가이다', '나는 올해의 판매 왕이다' 등 성공을

달성한 자신의 모습을 떠올리는 주문이 효과적이다.

◆ 최고의 동기 부여는 보상 : 최고의 동기 부여는 '보상'이다. 성공을 위해 열심히 매진한 스스로에게도 적합한 보상을 해줘야 한다는 이야기다. 예를 들어 평소 게임을 좋아하는 사람이라면 일주일에 하루쯤은 퇴근 후 맘껏 게임을 하는 시간을 정해 재충전의 기회를 갖는 것이 바람직하다.

◆ 지나친 관대함은 경계 : 평가와 피드백이 없으면 목표 달성률이 40% 이하로 떨어진다고 한다. 따라서 목표에 대한 실행 여부를 지속적으로 평가하고 보완하는 것이 바람직하다.
이때 자신에 대한 지나친 관대함이 성공의 최대 적이라는 사실을 항상 명심해야 한다. 가족 혹은 친구 등과 목표를 공유하고 크로스 체크해 긴장감을 높이는 것이 도움된다.

약자가 이길 수 있는 비법은?

"신에게는 아직도 12척의 배가 남아 있습니다."

우리나라 사람이라면 금방 눈치챌 수 있는 충무공 이순신 장군의 말입니다. 11배가 넘는 왜군 133척을 앞두고 이런 사자후를 토하며 전장으로 떠난 충무공의 비장한 모습을 생각하면 눈물까지 흘리는 사람들도 있을 것입니다. 그런데 어떻게 이 같은 절대적인 열세를 딛고 충무공이 승리할 수 있을까요.

이런 질문에 훌륭한 해답을 제시하는 경제이론이 있어 소개할까 합니다. 바로 영국학자 란체스터가 1, 2차 세계대전의 공중전 결과를 분석해 만들어낸 '란체스터' 법칙입니다.

경제학계에는 '약자의 승리 비법'으로 불리는 이 법칙은 전력집중의 중요성을 수학적으로 증명하고 있습니다. 예를 들어 아군전투기 5대와 적군전투기 3대가 전투를 벌인다면 적기는 모두 격추되고 아군전투기만 2대가 남을 것으로 생각하기 쉽습니다. 그러나 살아남는 아군전투기는 예상외로 2대가 아니라 4대가 됩니다. 왜 그럴까요. 실제 전투에서는 산술적인 뺄셈의 법칙(5-3=2)이 아니라 제곱의 법칙($5^2-3^2=4^2$)이 적용되기 때문이죠.

따라서 강한 적을 둘로 나누거나 적의 약한 고리에 병력을 집중시키면 약자도 충분히 승리할 수 있다고 란체스터 법칙은 충고하고 있습니다.

실제로 충무공도 '이길 수 있는 싸움'을 하기 위해 명량의 좁은 해협 울돌목으로 왜군을 유인해 적선을 하나하나 물리칩니다. 적을 일렬로 늘어서게 하여 12대 133이 아닌 12대 1로 맞붙는 절대적인 우세에서 승리를 쟁취한 셈이죠.

최근 극심한 경기침체로 약자인 서민들은 점점 살아가기 어려워지고 있습니다. 그러나 약자가 항상 패배한다면 이 세상은 정말 재미없지 않을까요. '란체스터 법칙'이 증명한 것처럼 확실한 정보와 치밀한 계획, 이길 수 있는 환경을 조성한다면 약자도 얼마든지 이길 수 있습니다. 게다가 우리의 몸속에는 '세계 최고의 전략가'인 충무공의 피가 흐르고 있지 않습니까.

4장

낯선 곳에서 나를 발견하라

기본으로
돌아가라

"혹시 전망 좋은 주식 종목 알고 있는 것 없나요? 부동산에 지금 투자해도 될까요, 더 기다려야 할까요?"

직업이 직업인지라 만나는 사람들에게 이런 질문을 자주 듣곤 한다. 증권업체에 출입할 때는 물론이고 IT나 게임, 사회 등을 취재하는 동안에도 종종 이런 질문이 쏟아져 곤혹스럽기는 마찬가지. 심지어는 "컨설팅 비용을 드릴 테니 재테크 조언 좀 해주세요"라는 사람도 간혹 있을 정도다.

"저는 재테크에 대해 아는 것이 거의 없어요"라고 답변을 할라치면 "에이 말도 안 되는 소리 하지 마세요"란 핀잔이 돌아오기 일쑤. 경제학을 전공하고 한때 경제신문사를 다녔던 경력을 지닌 사람이 재테크를 모른다는 것은 말도 안 되는 소리라고 의심의 눈초리로 쳐다보기도 한다.

그런데 이런 질문을 던지는 사람들에게 발견되는 공통점이 하나 있다. "투자로 돈을 벌면 뭐할 계획이냐"라고 물으면 대부분 한마디도 대답하지 못하는 것이다. '돈이야 많으면 많을수록 좋지 뭘 그런 것을 묻느냐'는 듯한 황당한 표정에서부터 "돈을 벌고 나면 그 후에 생각해볼 작정"이라는 대답까지 반응도 제각각. 얼마만큼 벌고 번 돈을 어디에 쓰겠다는 계획을 세운 사람은 찾아보기 어려울 정도다. 돈 벌 궁리만 하고 있을 뿐 돈을 왜 벌어야 하는지 근본 목적을 망각하고 있다는 이야기다.

2007년 출간 당시 아마존과 뉴욕타임스, 월스트리트저널, 비즈니스위크의 경제·경영 분야 베스트셀러 1위를 석권했던 티모시 페리스의 'The 4-Hour Workweek'에는 다음과 같은 우화가 나온다.

돈 많은 사업가가 의사의 지시에 따라 휴가를 보내기 위해 멕시코의 한적한 어촌을 찾았다. 아름다운 저녁노을을 바라보며 그동안 쌓은 피로를 풀고 있는데 멀리서 배 한 척이 부두로 들어오는 장면을 목격했다. 호기심이 발동한 이 사업가는 그 배로 다가가 어부에게 물었다.

"오늘 얼마나 잡았습니까."

"보시다시피 많진 않습니다."

"여기 앞바다에는 고기가 많다고 들었는데 장비가 부족해서 많이 잡지 못한 것은 아닙니까."

"더 좋은 장비가 있다면 많이 잡을 수 있겠지만 전 이 정도에 만족

합니다.”

어부의 이야기를 들은 사업가는 답답하다는 듯이 펄쩍 뛰며 말했다.

“최첨단 장비만 갖추면 지금보다는 최소한 3배 이상 많이 잡을 것 같은데요. 혹시 돈이 필요하다면 제가 빌려 드릴 수도 있어요.”

“그렇게 많이 잡아서 뭐하죠.”

어부의 어이(?)없는 질문에 사업가는 다시 목소리를 높였다.

“참 돈 버실 줄 모르네요. 판매 이익금을 또다시 투자해서 큰 배를 사야 고기를 더 많이 잡고 돈도 더 많이 끌어모을 수 있잖아요.”

사업가는 신이 나는 듯 계속 설명했다.

“잡은 고기를 중간 상인한테 파는 대신 소비자에게 직접 팔다가 나중에는 통조림 공장을 여는 거죠. 결국에는 제품과 가공, 유통까지 손에 넣을 수 있답니다. 물론 이 작은 어촌 마을을 떠나 대도시로 옮겨야 할 거고 유능한 경영진과 호흡 맞춰 계속 사업을 확장하면 엄청난 돈을 벌 수 있죠.”

그런데 어부가 시큰둥한 표정으로 물었습니다.

“그렇게 하는데 시간이 얼마나 걸리죠?”

“한 15년에서 20년 정도요. 길어야 25년이죠.”

“그다음엔 어떻게 되죠?”

사업가는 계속 웃으면서 말했다.

“그다음엔 은퇴한 후 작은 어촌 마을로 가서 늦잠 자고, 물고기 좀 잡고, 아이들과 놀아주고, 아내와 낮잠 자고, 저녁에는 어슬렁어슬렁 마을이나 돌아다니며 포도주도 마시고, 친구들하고 기타 치며 노는 거죠."

이 말을 들은 어부는 코웃음 치며 말했다.

"예끼 농담하지 마세요. 그게 25년이나 걸린단 말이오? 난 지금도 이미 그렇게 살고 있습니다."

많은 사람들이 부자가 되길 원한다. '부자 되세요'란 CF가 한때 인기를 끌었을 정도로 부자에 대한 온 국민의 열망이 크다. 10억 만들기 프로젝트, 부자 아빠 신드롬 등 재테크 관련 책들이 베스트셀러를 점령하는 것은 물론 신문, 방송, 잡지 등 미디어에서도 각종 재테크 소식을 쏟아내고 있다. 금융회사 경제연구소 등이 재테크 교실을 열면 엄청난 인파가 몰려든다. 초등학교에 다니는 조카에게서도 '재테크'란 말이 튀어나와 깜짝 놀란 일이 있을 정도다. 이쯤 되면 대한민국을 '재테크 공화국'이라고 불러야 할 판이다.

그런데 애당초 재테크를 왜 해야 하는가에 대해 고민하는 사람은 드문 것 같다. 우화 속에 나오는 사업가와 같이 정말 하고 싶은 것은 뒤로 미루고 그저 돈 벌기에만 혈안이 된 채 말이다.

재테크를 하고 돈을 버는 목적은 뭐니뭐니해도 행복해지는 것이다. 대부분의 사람들이 돈을 풍족하게 벌면 자신은 물론 가족들과 편안하고 안정된 삶을 누릴 수 있다고 믿는다. 그래서 너나 할 것 없이 재테크에 목을 맨다. 그런데 많은 사람들이 간과하는 것이 하나 있다. 행복해지는 방법이 재테크에만 있는 것은 아니라는 사실이다. 돈이 행복의 필요충분조건은 아니라는 사실은 이미 여러 연구를 통해 증명됐다. 실제로 영국의 신(新)경제재단이 실시한 2009년 국가별 행복지수 조사에서 1위는 1인당 국민소득이 6,000달러에 불과한 중남미 코스타리카가 차지했다. 인생을 즐길 줄 아는 여유 덕분에 삶의 만족도 부문에서 타의 추종을 불허할 정도로 월등히 앞섰다. 반면 재테크에 목을 매는 국민들이 많은 우리나라는 68위에 그쳤다. 특히 삶의 만족도 부문에서 최하위권에 처졌다.

산에서 길을 잃으면 어떻게 해야 할까. 급한 마음에 무작정 밑으로 내려오다가는 조난당하기 십상이다. 오히려 시간이 걸리더라도 산을 거슬러 올라가야 올바른 길을 찾을 수 있다고 한다.

인생도 마찬가지가 아닐까. 행복이 어디쯤 있는지 찾기 어렵다면 산을 거슬러 올라간다는 심정으로 잠시 걸음을 멈추는 것이 좋다. 단순히 돈 버는 재테크 비법만 익힐 것이 아니라 인생을 즐길 수 있는 기술도 공부해야 한다는 이야기다. 주식이나 펀드, 부동산 등에 투자할 때처럼 '나'에 대해서도 철저히 분석하고 가족 간의 애정 표현 방법 등도 배워야 한다. 또 이웃과 사랑을 나누는 비법도 익혀야 한다. 재테크에만 몰입된 머리를 행복에도 조금 나눠줘야 한다.

바로 '행복테크'를 해야 한다는 말이다. 통계청도 우리 국민이 행복해지기 위해 실천해야 할 '행복테크'로 ▲부부 가사분담 균형 ▲자기계발 ▲대화와 교제 ▲기부ㆍ봉사 등을 제안하고 있다.

재테크는 단지 돈만 벌어주지만 행복테크는 돈은 물론 삶의 즐거움과 보람까지 가져다줄 수 있다.

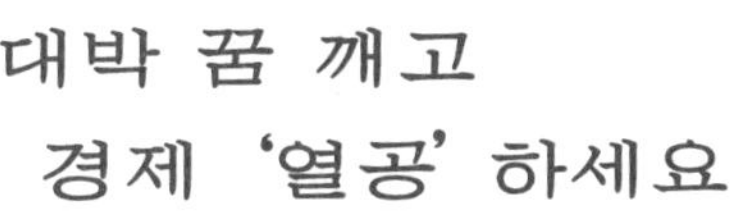

최진기 경제연구소 대표

대박 꿈 깨고
경제 '열공' 하세요

(메트로신문 2009년 9월 14일자)

"투자해서 원금의 두 배가 될 확률이 90%, 아예 한 푼도 못 건질 확률이 10%라면 어떻게 하겠습니까? 아마 1,000만 원 정도의 여윳돈이 있는 직장인이라면 거의 대부분 '몰빵'하겠다고 할 것입니다. 그러나 100억 원을 가진 부자는 이런 무모한 투자는 절대 하지 않습니다."

최근 직장인들의 경제공부 열풍을 주도하고 있는 '최진기 경제연구소' 대표인 최진기(36) 강사는 재테크 비법에 대해 이렇게 잘라 말했다. 부자들은 금리 1% 변화에도 민감하게 반응하는 반면 서민·중산층 대부분이 10% 정도의 수익률은 쳐다도 안 볼 정도로 '대박 환상'에 사로잡혀 있다는 것이다. 아무리 '달인'급 칭송을 받는 개미투자자라도 이런 환상을 좇다 보면 열 번 중 아홉 번은 성공할 수 있지만 한 번의 실패로 모든 것을 날릴 수 있다고 경고했디.

동부증권 애널리스트 출신인 최 강사는 스스로도 많은 실패를 경험했다고 한다. 2000년대 초반 벤처 열풍에 편승해 회사를 설립했다가 망해 신용불량자로 전락한 적도 있다. 결국 대학시절 야학을 했던 경험을 살려 학원강사 생활에 투신했다.

"처음 시작한 학원 생활은 힘든 일이 많았습니다. 그러나 증권사 생활에서 익힌 실물경제와 경제학의 본질적인 질문을 던질 수 있는 기본 지식, 야학 시절까지 거슬러 올라가는 강의 노하우 덕분에 극복할 수 있었죠. 이젠 이런 장점들이 잘 어우러져 어려운 경제를 누구보다 쉽게 전달할 수 있다고 자신합니다."

정부 정책 비판 동영상 100만 조회

최 강사가 일반인에게 알려지게 된 것은 '정부 비판 동영상' 덕분이다. 2008년 7월 그가 정부의 고환율 정책을 비판하는 강의 장면을 한 학생이 카메라에 담아 인터넷에 올렸다. 이 동영상은 순식간에 네티즌 사이에 퍼져 나가며 100만 조회를 훌쩍 넘었다.

이에 힘입어 일반인들을 위한 경제공부 서적인 『지금 당장 경제공부 시작하라』(한빛비즈)도 펴냈다. 특히 2009년 3월부터 KBS 인터넷에서 진행한 '최진기의 생존경제' 코너가 매회 30만 조회라는 대박을 터뜨리면서 '인기 수능 강사'를 뛰어넘는 '스타 경제강사' 반열에도 올랐다.

"경제공부는 생존 필수도구"

최 강사가 생각하는 한국경제의 현주소는 어떤 모습일까?

"IMF 이전에는 한국경제의 대세상승기였기 때문에 부동산·주식 등 재테크에서 실패할 가능성이 거의 없었습니다. 그러나 IMF 외환위기를 거치며 대세상승기가 꺾인 지금은 뭘 해도 성공하기 어려워졌죠. 이젠 경제공부가 생존을 위한 필수도구가 됐다는 이야기입니다."

최 강사는 단순히 돈을 불리는 수법을 경제공부로 착각하는 오류를 범해서는 안 된다고 충고했다. 기본기가 없는 스포츠 선수가 '반짝 스타'밖에 될 수 없듯이, 경제학도 기본기를 갖추지 않고는 현재와 같은 경제위기를 헤쳐나가기 어렵다는 설명이다.

그렇다고 대학에서 배우는 경제원서를 공부하라는 이야기는 아니다. 신문의 경제면만 6개월 정독하면 경제에 대한 눈이 충분히 뜨일 수 있다는 이야기다.

"재테크에 대해 걱정하고 있다면 주식·부동산 등 현재 가지고 있는 것의 3분의 1을 당장 팔아버리는 것이 현명합니다. 고민거리를 안고 있으면 본업인 직장생활까지 망칠 수 있기 때문이죠. 마음이 편해지면 재테크의 기본인 리스크 관리를 훨씬 잘할 수 있습니다."

1. **기본을 지켜라** : '몰빵'은 자살 행위다. 재테크의 기본인 포트폴리오 관리는 반드시 지켜야 한다.

2. **기준을 정하라** : 부담스럽지 않은 선에서 재테크해야 한다. 고민이 된다면 가지고 있는 것의 3분의 1을 처분하는 것이 현명하다.

3. **직테크를 하라** : 재테크로 큰돈을 벌겠다는 환상에서 벗어나라. 가장 좋은 재테크는 직장생활 등 본업에 충실히 하는 것이다.

4. **경제를 공부하라** : 신문의 관심분야를 스크랩하라. 6개월만 하면 경제에 대한 눈이 뜨일 수 있다.

직급별 자기 계발법

초년생은 경영기초 배우고
과장급은
코칭 리더십 익혀라

"자기계발 해야 하는데."

많은 직장인들의 고민이다. 서둘러 학원을 등록하고 공부할 책도 구입하지만 이런 결심이 한 달 이상 유지되기 어려운 것이 현실. 자신의 처지를 고려하지 않은 채 무리한 목표를 잡거나 결심이 흐지부지되기 때문이다. 직장인 교육전문가들은 자신의 직급에 맞는 교육프로그램을 선택해야 시간과 비용 낭비를 줄일 수 있다고 충고한다.

평생학습 전문기업 휴넷(www.hunet.co.kr)의 도움을 받아 직급에 맞는 실패하지 않은 자기계발법을 알아본다.

◆ **사회 초년생(1~3년 차)** : 기업의 생리를 이해하기 위해 기초적인

경영지식을 배우는 것이 바람직하다.

우선 대기업의 경우, 사내교육프로그램을 활용해 경영직무관련 과정을 이수하거나 휴넷과 같은 교육전문기관에서 운영 중인 MBA 베이직 과정을 이수하면 저렴한 비용으로 필요한 분야의 지식을 습득할 수 있다. 특히 꼼꼼한 일 처리를 위한 전략적 메모 기술 같은 특강을 듣는 것도 바람직하다.

여러 문화원에서 운영하고 있는 어학프로그램을 꼼꼼히 따져 본인에게 맞는 과정을 꾸준히 수강하는 것도 경쟁력을 키우는 방법.

◆ 대리급(4~5년 차) : 최일선에서 업무를 처리하는 직급이기 때문에 하루가 다르게 변화하는 기업 패러다임을 빠르게 습득하는 것이 중요하다. 따라서 학문적 지식보다는 기업의 최신경향을 배우고 이를 중점으로 학계의 이론을 접목하는 것이 좋다. 이를 위해 온라인 MBA나 대학에서 운영하는 야간 MBA 과정을 노려볼만하다.

교육기간, 수업료, 수업 참여 방법이 다양하기 때문에 개인의 상황에 따라 가장 적합한 과정을 선택해 수강하면 된다.

또 프레젠테이션에 참여할 기회가 많아지는 만큼 효과적인 프레젠테이션 기법과 방법에 대해 학습해두는 것이 좋다.

◆ 6~10년 차(과장, 차장급) : 팀장으로서 팀을 운영해 성과를 올려야 하는 직급. 따라서 직원들을 하나로 뭉쳐 이끌고 나갈 수 있는 개인 리더십 역량이 중요하다.

과거에는 진두지휘형 리더십을 선호했지만, 오늘날에는 직원들의 이야기에 귀 기울이고 잠재력을 이끌어내는 코칭 리더십이 각광을 받고 있다.

현재 리더피아, 에이치엔케이컨설팅, 한국리더십센터 등에서 운영 중인 리더십 교육을 추천할만 하다.

◆ 11~15년 차(부장급) : 임원으로의 진급 시점에 있는 직장인으로 회사생활을 10년 이상 한 만큼 현장에 대한 자신감으로 자기계발에 소홀해지기 쉬운 시기다. 그러나 전문성은 한 업계에서 오래 근무했다고 해서 쌓아지는 것이 아니라 노력해 자신만의 노하우를 개발해야 하기 때문에 업계에 대한 재교육을 긍정적으로 검토해 보아야 한다.

관리자로써 능력향상을 위한 리더십과 글로벌 시대에 국제적 감각을 키우기 위해 국제비즈니스 협상과정, 관리자 능력향상 리더십, 경영대학원에서 최신경향의 경영 일반에 관한 교육에 관심을 기울여야 한다. 또 사회 초년병 시절 어학 실력이 뒤처질 수 있는 시기이므로 어학에 소홀해서는 안 된다.

◆ 16~20년 차(임원급) : CEO로서의 경영자질 및 리더십을 갖춰야 한다. 특히 기업을 이끌고 나가는 추진력과 직원들 각자의 잠재력을 끄집어내 장려함으로써 내부자원 활용을 극대화하기 위한 리더십과 커뮤니케이션 능력이 필요하다.

커뮤니케이션에 대한 전략과 전술관련 교육은 한국협상연구소, 코트라 아카데미, BNE컨설팅 등에서 받을 수 있다. 또 각 협회와 대학에 개설된 최고경영자과정 수료를 통해 업계와 정계, 학계, 해외 기업인들과의 교류를 확장시킬 수 있다.

휴넷 조영탁 대표는 "직장인들 사이에서 자기계발에 대한 필요성은 확산되고 있지만 정작 실효성이 있는 과정을 선택해서 꾸준히 공부하는 직장인은 드물다"며 "우선 자신의 환경과 직급에서 일차적으로 필요한 과정을 파악하고 전문교육기관들의 프로그램 특성을 고려해 자신에게 가장 알맞은 과정을 선택해야 한다"고 충고했다.

말재주가
인생을 바꾼다

993년 10월. 소손녕이 이끄는 거란의 80만 대군이 고려에 쳐들어왔다.

고려 국경을 거침없이 넘은 소손녕은 "우리나라는 이미 고구려의 옛 땅을 차지했는데 지금 너희 나라가 경계를 침탈하므로 이에 토벌하고자 하니 속히 항복문서를 바쳐라"라고 고려 조정에 요구했다.

소손녕과 80만 대군의 서슬 퍼런 위세에 고려조정은 혼란과 공포에 빠져들었다. "서경 이북 땅을 적에게 넘겨주자"는 주장까지 나올 정도였다.

이때 나선 것이 서희 장군(942~998)이었다. 서희는 "국토를 떼어 적에게 준다는 것은 만세의 치욕"이라며 직접 소손녕을 만나 담판을 짓겠다며 전장으로 향했다. 소손녕이 더 이상 진군은 하지 않고 항복

만을 권하는 것을 보고 거란군의 의도가 점령보다는 복속에 있다는 것을 꿰뚫어 본 것이다.

적진으로 당당하게 들어간 서희 장군은 절을 하거나 군신의 예의를 지키라는 소손녕의 요구를 뿌리치고, 대등한 입장에서 회담을 시작했다.

"고구려를 계승한 나라는 고려이며, 거란의 동경(요양)이 오히려 고려 땅이다. 거란과의 교섭이 막혔던 것은 강동6주를 가로막고 있는 여진 때문이므로 그들을 내쫓고, 그 땅을 고려에 돌려줘 성을 쌓고 길을 통하게 한다면 거란과 수교하겠다."

겨울이 다가오고 있어 장기전을 피하고 싶은 마음이 굴뚝같았던 거란은 서희 장군의 제안을 재깍 받아들였다. 고려땅 깊숙이 들어왔던 소손녕도 혹시나 있을지 모를 고려군의 반격이 두려워 바로 회군을 준비하기 시작했다.

그런데 이것이 끝이 아니었다. 천재적인 협상가 서희 장군의 진가는 이제부터 빛을 발했다. 서희 장군은 떠나려는 소손녕의 말고삐를 잡으며 말했다.

"나를 좀 살려주시오. 고려는 오랜 시간 동안 송나라와 인연이 깊어 조정에는 친송파가 득세하고 있는데, 내가 이렇게 말하고 그냥 돌아가면 나는 맞아 죽을 것이오."

소손녕은 "그럼 어떻게 하면 좋겠소?"라고 물었다. 서희 장군은 머뭇거리지 않고 회심의 한 방을 날렸다. "강동 6주는 돌려주시오"

우리 역사상 최고 명장면 중 하나로 꼽히는 '서희의 담판' 내용이

다. 서희 장군은 이 말 한마디로 소중한 영토를 잃을 뻔했던 절체절명
의 위기에서 나라를 구한 것은 물론, 강동 6주라는 군사적·경제적 요
충지까지 덤으로 얻었다. '세 치의 혀가 백만대군보다도 강하다.(三寸
之舌 强于百萬之師)'는 말을 몸소 증명한 셈이다.

이처럼 말이 가지고 있는 힘은 우리의 생각보다 크다. 말 한마디
로 나라의 운명이 바뀌기도 하고 역사가 달라지기도 한다.

제2차 세계대전 초기의 일이다. 독일군의 공세로 위기에 처한 영
국의 처칠 수상은 미국의 원조를 받기 위해 루스벨트 대통령을 만나러
미국으로 건너갔다. 장시간 여행으로 지친 처칠은 루스벨트 대통령을
만나러 가기 전, 숙소에서 짐을 풀고 목욕을 하고 있었다. 그리고 목욕
이 끝난 뒤 수건 한 장으로만 몸을 가리고 밖으로 나왔는데 뜻밖의 상
황이 벌어졌다. 루스벨트가 먼 곳까지 방문한 처칠을 위해 직접 숙소
로 방문해 기다리고 있었던 것이다.

깜짝 놀란 처칠은 자신도 모르게 수건으로 몸을 가리고 있던 손을
뗐다. 순식간에 수건이 흘러내리며 처칠의 알몸이 공개됐다. 일순간
정적이 흘렀다. 처칠은 물론 루스벨트에게도 당혹스러운 상황이 벌어
진 것이다. 격식에 맞춰 정장을 차려입고 방문한 루스벨트를 알몸으로
맞이했으니 처칠의 수행원들은 이제 모든 게 끝났다고 낙담했다.

이때 기가 막힌 반전이 벌어졌다. 처칠의 말 한마디에 루스벨트는
물론 그곳에 있었던 모든 사람들이 일제히 폭소를 터뜨린 것이다.

"보다시피 영국 수상은 미국의 대통령 앞에서 숨길 것이 아무것도

없습니다.”

이 말 덕분에 물 건너갈 뻔했던 중요한 회담은 화기애애한 분위기 속에 순조롭게 마무리됐다고 한다.

우리나라에서 달변가는 그리 환영받는 부류가 아니었다. ‘말을 경계하라’는 의미가 담긴 ‘말만 번지르르’ ‘입이 화근’ 같은 표현이 있을 정도다. 그러나 세상이 달라졌다. 우리 일상에서 말이 차지하는 비중이 그 어느 것보다 막강해지고 있다. ‘말짱’이 대접받는 시대가 오고 있다는 이야기다.

유재석, 강호동 등 말 잘하는 사람들이 방송가를 장악하고 뛰어난 연설가인 미국 오바마 대통령의 스피치 노하우 배우기 붐이 일어날 정도다. 이뿐만이 아니다. 직장인 10명 중 8명은 말을 잘해야 승진할 수 있다고 생각하는 것으로 나타났다.

결혼정보업체 듀오가 설립한 커리어 교육기관 듀오아카데미가 직장인 219명을 대상으로 사내커뮤니케이션에 대한 설문을 벌인 결과, 응답자의 77%(169명)가 ‘말 잘하는 직장인이 승진 확률이 높다’고 답했다.

‘말하기’ 때문에 회사에서 스트레스를 받는다고 답한 직장인들은 73%(161명)에 달했으며, 이 가운데 ‘가끔 받는다’는 58%(128명), ‘자주’라는 답변이 12%(27명)로 집계됐다.

한마디의 말은 한 사람의 인생을 변화시키기도 한다.

“엄마, 나 챔피언 먹었어”

“그래, 대한 국민 만세다!”

이 말로 유명한 홍수환(당시 24살) 선수는 1974년 7월 3일 남아프리카공화국의 더반에서 막강했던 챔피언 아널드 테일러를 4번이나 다운시킨 끝에 세계권투협회(WBA) 밴텀급 타이틀을 따냈다. 그리고 홍수환과 어머니가 나눈 이 두 마디는 지금까지도 회자될 정도로 국민들의 뇌리에 깊숙이 각인돼 있다. 그런데 홍수환이 남긴 또 다른 대화도 주목할 만하다.

1977년 11월 26일 홍수환은 남미 파나마에서 '지옥에서 온 악마'라고 불리는 헥토로 카라스키야와의 WBA 주니어 페더급 초대 챔피언 결정전을 치렀다. 이 경기에서 홍수환은 2회에 무려 네 차례나 다운됐다. 홍 선수는 헤드코치에게 간신히 말을 건넸다.

"아이고, 나 지쳐서 도저히 못 하겠습니다."

그때 헤드코치가 한 말이 걸작이다.

"야, 이 자식아, 저놈은 더 지쳐 있어."

그 한마디를 듣고 힘을 낸 홍수환은 3회가 시작되자마자 역전 KO승을 이끌어 냈다. 그 유명한 '4전 5기'의 신화는 바로 헤드코치의 한마디 말 덕분이었던 셈이다.

이처럼 위기의 상황에서 벗어날 수 있도록 도와주는 것은 근력의 힘이 아닌 바로 말의 힘이다. 몸짱이 되기 위해 운동을 하듯이 이젠 말짱이 되기 위해 말하는 법도 배워야 한다. 혹시 아는가. 서희 장군이나 처칠처럼 나라를 구하지는 못해도 홍수환 선수의 코치처럼 모든 것을 포기하려는 한 사람의 인생을 구할 수 있을지 모른다.

지휘하듯 말을
연주하죠

(메트로신문 2010년 7월 6일자)

"몇 년 전 한 인터뷰에서 음악을 전공해서 말을 잘하는 거 아니냐는 질문을 받았습니다. 그 순간 머릿속에서 한 가지 생각이 번뜩이더군요. 사람을 감동시키는 황금비율은 음악과 스피치가 같다는 것을 깨달은 거죠. 세게, 여리게, 빠르게, 느리게 등 연주하는 것처럼 강약과 속도를 주고 오케스트라 지휘자처럼 몸짓까지 섞어 말했더니 청중도 강연을 듣고 감동하더라고요."

16년 동안 무려 200만 명에게 성공학을 설파해온 김미경(47) 더블유 인사이츠 대표는 '아트스피치'의 개발자로도 유명하다. 예술의 대명사인 음악에 전혀 어울리지 않을 것 같은 스피치를 접목시켜 누구나 쉽게 배울 수 있는 말 잘하는 규칙을 만들었다. 이 규칙은 이미 커리큘럼으로 체계화돼 말주변이 없어 고민이던 수백 명의 인생을 화려하게 바뀌놓았고 출판되자마자 베스트셀러에 오른 '김미경의 아트스피치'로도 재탄생했다.

"불후의 명곡이 과학적인 구조로 되어 있듯 스피치도 콘텐츠, 청중, 공간 언어, 채색, 몸짓 언어가 잘 짜여 있어야 합니다. 버락 오바마 대통령이 미국인들의 심금을 울렸던 이유도 이 5가지가 완벽하게 어우러졌기 때문이죠. 마치 오케스트라를 지휘하는 듯한 오바마의 명연설에 청중들은 멋진 음악을 듣는 것처럼 심취하며 자연스럽게 열광을 보내게 됩니다."

대학에서 작곡을 전공했던 김 대표가 강연자의 길로 나서게 된 것은 그야말로 '운명' 같았다고 한다. 결혼 후 전공을 살려 2년여 동안 피아노 학원을 운영하다 우연히 학원 원장 모임에서 강연을 요청받았던 것이 계기였다.

"학원 운영에 대한 노하우를 세 시간 정도 떠들다 보니 문득 '이것이 내가 할 일'이라는 느낌이 생기더라고요. 그래서 다시 성공학, 여성·상담심리 등에 대한 공부를 시작했죠. 대한민국 전체가 내 강연을 들을 것이라고 생각하니 별다른 두려움도 없었습니다."

그러나 김 대표 앞에 펼쳐진 강사생활은 생각만큼 순탄치는 않았다. 자기소개서와 강의 내용 홍보 책자를 기업들에 보내는 데 우표 값만 150만 원이 들었지만 한동안 전화 한 통도 없었다. 그래도 넉살 좋은 입담 덕분에 알음알음으로 강의 횟수가 늘어나던 중 외환위기가 닥치면서 얼마 되지 않았던 강의마저 확 줄었다.

"위기가 닥쳤는데 선천적인 낙천성 때문인지 이것이 기회일지노 모른다는 생각이 들더군요. 힘들 때일수록 점집이 잘되듯이 강연을 통해 돌파구를 찾으려는 사람이 늘어날 것이라 확신했죠. 이런 사람들에게 해주고 싶은 이야기를 엮어 '나는 IMF가 좋다'는 책을 냈더니 갑자기 강의가 늘어나기 시작하면서 월 100시간이나 되더라고요."

이후로 '여자이기 때문에 당하지 말고 당차게 살아라' '꿈 있는 아내는 늙지 않는다' 등 여러 편의 저서를 펴내 인기를 끌던 김 대표는 MBC에서 '희망특강 파랑새' 등의 강의를 진행하면서 '국민 강사'로 이름을 알리기 시작했다.

하고 싶은 말로 건배사를 만들어라

그럼 말을 잘하려면 어떻게 해야 할까. 김 대표는 에피소드를 많이 만들어야 한다고 강조했다.

"말만 잘한다고 훌륭한 강연자가 되는 게 아니라 일단 할 말이 있어야 합니다. 눈과 마음을 열고 모든 것을 순도 높게 관찰하다 보면 말의 소재가 되는 에피소드는 자연스럽게 만들어지기 마련이죠. 주변에서 보고 들은 소소한 이야기에도 하고 싶은 생각을 담아 진솔하게 전달하면 상대방도 마음을 열고 귀를 기울일 것입니다."

김 대표는 이에 덧붙여 직장 내에서 말 잘하는 사람으로 인정받을 수 있는 비법 한 가지도 살짝 공개했다.

"가장 짧은 시간에 자신을 드러낼 기회 중의 하나가 바로 회식 자리 때 건배사입니다. 이때 '위하여' '진달래' 등 흔해 빠진 건배사보다는 자연스럽게 하고 싶은 말을 하는 것이 중요하죠. 예를 들어 신입사원이라면 '그동안 선배님에게 고맙다는 말을 꼭 하고 싶었는데 이 자리를 빌려 하겠습니다'라고 말하고 '선배님! 최고예요'라고 해보세요. 선배들이 바라보는 눈이 달라질 겁니다."

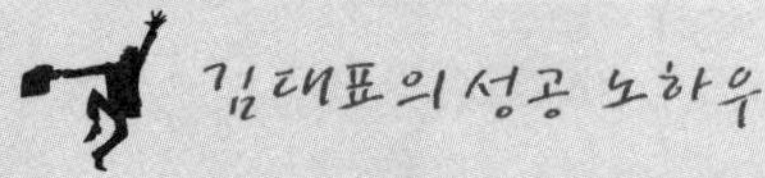

1. 'A-B-A' 구조를 익혀라 : 도입부에서 할 말의 실마리를 풀었다면 A에서 주제를 제시하고 B에서는 극적인 에피소드를 섞어 클라이맥스로 나아갔다가 다시 A로 돌아가는 것이 유용하다. 이래야 청중이 연설에 자연스럽게 몰입하면서 감동과 설득을 당할 마음의 준비를 하게 된다.

2. '둔필승총(鈍筆勝聰)'을 명심하라 : 아무리 총명해도 기록한 것을 다시 보는 것만은 못하다는 말이 있다. 소소한 이야기라도 메모를 해놓으면 좋은 에피소드로 활용할 수 있다.

3. 습관을 만들어라 : 출퇴근이나 점심시간 등 하루 중 규칙적으로 생기는 시간을 찾는 것이 중요하다. 5~10분에 불과한 시간이라도 자기계발에 꾸준히 활용해보면 인생이 달라질 수 있다.

4. 회식을 노려라 : 말솜씨를 가장 잘 드러낼 수 있는 자리는 바로 회식이다. 그동안 갈고닦은 실력을 건배사 등을 통해 유감없이 나타내야 한다.

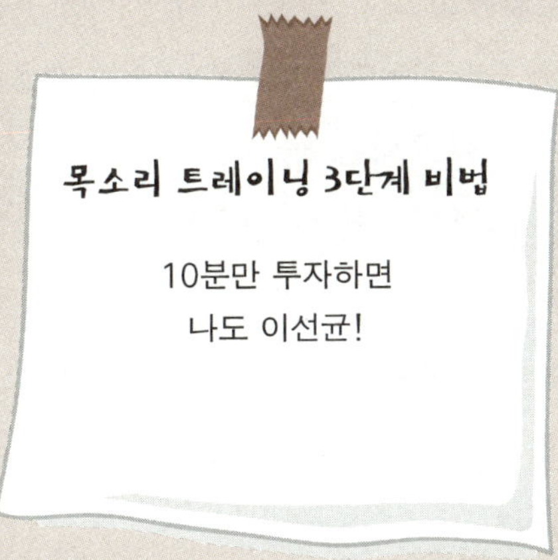

"배우 안성기나 이선균 같은 중저음의 차분하고 부드러운 목소리를 가질 순 없을까."

목소리 때문에 고민하는 남성들이 의외로 많다. 면접이나 중요한 발표, 미팅 등에서 탁 가라앉은 허스키한 목소리 때문에 낭패를 보는 경우도 종종 있다. 이런 경우 '타고난 것이라 어쩔 수 없다'는 생각에 쉽게 포기하곤 한다.

전문가들은 목소리도 충분히 연습만 하면 바꿀 수 있다고 충고하고 있다. 많은 비용과 시간을 들일 필요없이 하루 10분 정도의 투자만으로도 호감 있는 목소리로의 변신이 가능하다고 한다. W스피치 커뮤니케이션 우지은 대표에게 매력남으로 거듭날 수 있는 목소리 트레이닝 3단계를 배워본다.

◆ **복식호흡을 익혀라** : 부드러우면서도 힘 있는 목소리를 내려면 복식호흡을 연습하는 것이 지름길이다. 복식호흡은 코로 숨을 들이마셔 배에 공기를 채웠다가 입으로 내쉬는 심호흡법. 복근을 움직여 숨을 쉬는 것이 요령이다.

제대로 안 된다면 하품할 때처럼 목구멍을 크게 열고, 공기를 내쉬면서 '아~~~' 소리를 내는 것을 연습하면 좋다. 목에서 쥐어짜는 생목소리가 아니라 배의 공기가 부드럽게 나가면서 만들어지는 깊이 있는 소리가 들리면 성공이다.

◆ **마스크 공명법에 도전하라** : 복식호흡이 완성됐다면 잔잔한 울림이 기분 좋은 공명음에 도전해볼 만하다. 우선 입안에 큰 사탕 하나를 물었다고 가정하고 입을 살짝 다문다. 그 상태에서 복식호흡으로 숨을 코로 들이마시고, 내쉬면서 '음~~~' 허밍을 하면 된다. 이때 만들어진 톤으로 소리를 입 밖으로 내뱉으며 말을 하면 된다.

이것을 반복하면 밖으로 시원하게 뻗어 나가면서도 목에 힘을 주는 것이 아닌 자연스러운 중저음의 공명 소리가 완성된다.

◆ **전달력과 신뢰감을 높여주는 정확한 발음** : 또렷한 발음은 전달력과 신뢰도 측면에서 매우 중요하다. 우선 조음기관을 충분히 풀어주는 것부터 연습해야 한다. 손바닥의 아랫부분을 이용해 볼 전체를 둥글게 원을 그리듯 마사지하거나 혀로 입안 구석구석을 핥

아주는 등 혀뿌리가 뻐근해지는 느낌이 들 때까지 충분히 움직여 주면 된다. 이렇게 하면 혀가 부드럽게 풀린다.

신문을 이용한 연습도 유용하다. 짧은 기사라도 입술의 모양과 혀의 움직임을 최대한 과장되게 움직이며 한 음절 한 음절을 천천히 읽어보면 된다.

우지은 대표는 "남성의 경우 여성보다 술, 담배를 많이 하기 때문에 평상시 관리하지 않으면 거칠고 쉰 소리가 되기 쉽다"라며 "호흡, 발성 등 올바른 방법으로 꾸준히 노력하면 누구나 매력적인 목소리를 가질 수 있다"고 말했다.

내 인생을
기록으로 남겨라

'해 저문 어느 오후 집으로 향한 걸음 뒤에

서툴게 살아왔던 후회로 가득한 지난날

그리 좋진 않지만 그리 나쁜 것만도 아니었어

석양도 없는 저녁, 내일 하루도 흐리겠지

힘든 일도 있지 드넓은 세상 살다 보면

하지만 앞으로 나가 내가 가는 것이 길이다

Bravo Bravo my life 나의 인생아

지금껏 달려온 너의 용기를 위해

Bravo Bravo my life 나의 인생아

찬란한 우리의 미래를 위해

내일은 더 낫겠지 그런 작은 희망 하나로

사랑할 수 있다면 힘든 일년도 버틸 거야'

남성듀오 봄여름가을겨울 '브라보 마이 라이프'의 노랫말이다. 직장인의 애환과 희망을 함께 담고 있는 이 노래는 부르는 사람은 물론 듣는 사람까지 힘이 나게 만들곤 한다. 덕분에 친구모임이나 회식 등에서 2차로 들른 노래방에서 한 사람이 선창하면 모두 함께 어깨동무를 하며 목청을 높이게 된다.

그런데 이 노래를 부를 때마다 생각나는 영화가 한 편 있다. '당신이 시한부 인생을 선고받는다면'이라는 그리 유쾌하지 않은 질문을 던지는 '버킷 리스트'(Bucket list)가 그 주인공. 'kick the bucket'(양동이를 발로 차다)에서 유래된 이 영화 제목은 '죽기 전에 꼭 하고 싶은 것'이란 뜻을 지니고 있다.

도대체 양동이와 죽음은 무슨 상관이 있을까. 스스로 목숨을 끊을 때 양동이를 사용하는 것에서 유래됐다는 이야기가 있다. 밧줄을 천장에 걸치고 양동이 위에 올라가 목을 맨 뒤 발로 차는 것을 생각하면 이해하기 쉽다. 혹은 음식이 든 양동이를 차는 행위가 우리 식으로 밥숟가락을 놓는 것에 비교된다는 주장도 있다. 아무튼 버킷 리스트는 죽기 전에 해야 할 일을 적어놓은 목록을 일컫는다.

영화의 내용도 양동이를 발로 차는 것만큼 명쾌하다. 어느 날 60대 두 남자가 한 병실에 입원한다. 안하무인에 괴팍한 백인 갑부 에드워드(잭 니콜슨)와 차분하고 사려 깊은 가난한 흑인 자동차정비공 카터

(모건 프리만). 병실에서 만난 두 사람은 살아온 환경이 하늘과 땅인 만큼 사사건건 부딪친다. 그러나 둘 다 시한부 인생임을 알게 된 뒤 지나온 삶에 대한 회의에 서로 연민하게 된다.

암이라는 절망 앞에서 서로 마음을 열기 시작할 즈음, 카터가 종이에 뭔가를 적다 버리는 것을 에드워드가 발견하면서 이야기 전개가 빨라진다. 바로 '죽기 전에 꼭 하고 싶은 일들'을 적은 '버킷 리스트'였다. 재미있다고 느낀 에드워드도 몇 가지 리스트를 추가하고는 둘이 죽기 전에 하고 싶은 일을 마음껏 해보자고 제안한다.

이 두 노인은 세렝게티에서 사냥을 하고, 카레이싱과 스카이다이빙에 나선다. 또 눈물이 날 때까지 웃고, 모르는 사람을 도와주고, 가장 아름다운 소녀와의 키스를 꿈꾸기도 한다. 누구나 한 번쯤 마음속에 간직해 왔지만 쉽게 도전하기는 어려운 일들을 죽음을 앞두고 하나하나 이뤄간다. 여기에 덤으로 카터는 평생 굴레라고 생각했던 가족이 실은 가장 소중한 존재임을 절감하고 에드워드 역시 소원했던 딸과 화해한다.

살면서 늘 죽음을 떠올린다는 것은 우울하기 짝이 없는 일이다. 하지만 죽음을 외면할 수 있는 사람은 그 누구도 없다. 죽음과의 '즐거운 동거'가 필요하다는 이야기다. 그러기 위해서는 한 번쯤 죽기 전 꼭 해 보고 싶은 일이 무엇인지 고민해 보는 것은 어떨까. 마음속에 미련이 남지 않도록 하기 위해서.

이런 면에서 일요일 저녁마다 수많은 시청자를 TV 앞에 붙잡아두는 KBS의 예능프로그램 '남자의 자격'은 많은 생각을 하게 해준다. '남자라면 죽기 전에 꼭 해야 할 일 101가지'란 부제가 달린 이 프로그램은 평균 연령 41살의 아저씨 연예인 7명이 온갖 체험을 통해 대한민국 보통 남성들의 의식과 생활상을 현실감 있게 보여주고 있다. 이들의 도전도 영화 '버킷리스트'와 별반 차이 없다. 자전거 여행, 패러글라이딩, F-16 전투기 타기 등 누구나 한 번쯤 꿈꿔봤을 내용이다. 물론 이성 친구 만들기, 살림에 도전하기 등 실생활에서의 도전도 있고 마라톤, 대학서 강연하기, 합창대회 참가 등 웬만한 사람이라면 감히 생각하지 못할 내용도 있다. 도전 성공 여부를 떠나 도전 그 자체가 주는 감동에 남자는 물론 여자들까지 눈물 흘리게 만들곤 한다.

그러나 정작 버킷리스트나 남자의 자격처럼 무엇인가에 도전하는 사람이 드문 것이 현실이다. 도전하고 싶은데 무엇부터 시작해야 할지 몰라 망설이게 되기 때문이다. 좀 더 현실적이면서도 의미 있는 도전이었으면 좋겠다는 핑계를 대며 미루는 사람도 많을 것이다. 그렇다면 자신 만의 책을 쓰는 것에 도전해보는 것은 어떨까.

"내가 무슨 책을 써"라고 손을 내저을 사람들도 있겠지만 누구나 한 번쯤 도전해볼 만하다. 정신없이 내닫는 삶을 잠시 멈추고 진정한 꿈과 행복을 향해 삶의 좌표를 다시 설정할 수 있는 계기가 될 수 있다.

"내가 쓴 책이 과연 출판될 수 있을까"하는 걱정을 할 필요도 없다. 혹시 출판되지 못한다면 개인 블로그나 미니홈피 등에 올리면 된다. 게다가 책을 쓰는 동안 깊이 있는 공부를 할 수 있다. 한 권의 책을 쓰기 위해서는 최소한 백 권의 책을 읽어야 한다는 이야기가 있는 것

처럼 말이다. 운 좋게 책이 출판된다면 인세라는 부수입도 생길 수 있
다. 거기에 자신의 브랜드 가치를 높여주며 비즈니스 기회를 더 많이
만들어 주기도 한다.

　무엇보다도 '브라보 마이 라이프'의 노랫말처럼 '지난날 그리 좋
진 않지만 그리 나쁜 것만도 아니었어'라고 떳떳하게 외칠 수 있다는
게 책을 쓰는 데에서 얻을 수 있는 가장 큰 장점이 아닐까. 어깨에 잠
자고 있는 아름다운 날개도 책과 함께 활짝 펼쳐질지도 모른다.

달리는 지하철이
나의 서재

(메트로신문 2009년 12월 8일자)

흔들리는 출퇴근길 지하철. 대부분의 시민들은 신문을 읽거나 게임을 즐기고 혹은 부족한 잠을 청하며 보내곤 한다. 워낙 많은 사람으로 복잡하다 보니 책을 읽는 것도 여간해선 힘든 경우가 대부분. 그런데 이런 공간에서 책을 쓰는 직장인이 있다면 믿을 수 있을까.

네오위즈게임즈 인사팀을 맡고 있는 이윤석(37) 팀장은 9년 동안 출퇴근길 지하철에서 책을 4권이나 펴낸 직장인 작가다. 취업전략, 보고서 작성법, 커뮤니케이션 노하우 등 종류도 다양하다. 지금도 내년 출간을 목표로 '고전에서 배우는 셀프리더십'(가제)이란 책을 쓰고 있다. 온갖 소음과 진동으로 혼잡스러운 지하철 객차에서 뼈를 깎는 고통을 수반한다는 집필과정에 이 팀장은 어떻게 빠져들 수 있었을까.

"우선 책을 쓰려면 많은 책을 읽는 것이 가장 빠른 방법입니다. 수

천 년의 지혜를 담고 있는 고전은 물론 다른 사람의 깨달음을 엿볼 수 있는 인문학서 등 다양한 책을 지하철이든 화장실에서든 시간이 날 때마다 닥치는 대로 읽는 것이 좋죠. 이때 책을 처음부터 완독하는 것보다는 관심 있는 부문만 골라 읽는 것이 한 가지 비법입니다."

예를 들어 이순신 장군의 전투장면이 궁금해지면 이 팀장은 난중일기, 징비록 등의 목차에서 관련부문만 찾아 골라 읽었다. 여러 사람의 관점을 두루 접할 수 있어 전투의 실상을 보다 현실감 있게 알 수 있다는 게 이 팀장의 설명. 보고서를 작성할 때도 한 분야를 집중적으로 파는 이 방식을 적용해보니 한쪽에 치우치지 않는 객관성을 갖출 수 있었다고 한다.

"읽은 책에서 기억나는 문구나 떠오른 생각은 독서카드 형태로 블로그에 정리했습니다. 이런 과정이 쌓이다 보니 여러 책에서 접했던 생각이 하나로 결합돼 새로운 아이디어로 불쑥 튀어나왔죠. 이 내용을 틈틈이 포스트잇으로 정리해 가지고 다녔더니 지하철에서도 충분히 책을 완성할 수 있었습니다."

'때문에' 대신 '그럼에도 불구하고'

경희대 행정학과를 졸업한 이 팀장은 사단 인사장교로 복무한 군대생활의 경험도 책을 쓰는 데 큰 도움이 됐다고 설명했다. 2,800명이나 되는 병사를 적합한 부대에 배치하는 업무를 맡다 보니 관상공부를 시작했고 자연스럽게 고전에도 관심을 두게 됐다는 이야기다. 지식근

로자 집단을 대상으로 인사업무를 해야겠다는 꿈을 품은 것도 바로 군 대 시절이란다.

"힘든 군대 시절 내내 '평생 해야 할 일이 무엇인가'를 줄기차게 고민했습니다. 스스로를 객관적으로 보기 위해 한동안 '3인칭 시점'에 서 저 자신을 관찰했죠. 그랬더니 인사업무가 천직이란 것을 깨달을 수 있었습니다."

이 팀장은 목표를 정하지 못해 방황하는 구직자들에게 2~3일 동 안 혼자만의 여행을 떠날 것을 권했다. 충분한 시간을 가지고 내면과 의 깊숙한 대화를 나눠 진짜 하고 싶은 목표를 정해야 나중에 후회하 지 않는다는 충고다. 이 팀장은 네오위즈게임즈 등 게임업계에 몸담고 싶어하는 구직자들을 위한 도움말도 빼먹지 않았다.

"게임산업에 대한 이해만 있다면 굳 이 게임학과나 관련 아카데미를 졸업할 필요는 없습니다. 그것보다는 긍정적인 마인드가 중요하죠. '때문에'라는 핑계 를 만들기보다는 '그럼에도 불구하고' 라는 긍정적인 말을 입에 붙이고 성공·실패 사례를 많이 쌓으면 누구나 게임업 계에서 일하는 멋진 주인공이 될 수 있 습니다."

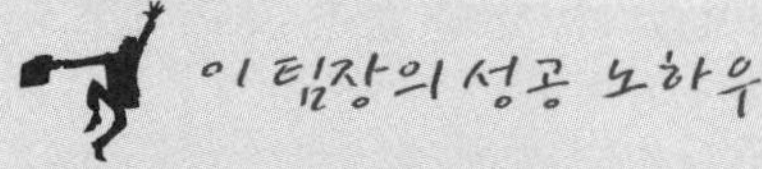

1. 반복하는 습관을 들여라 : 기억을 못 하는 것으로 알려진 거머리도 100번만 반복하면 학습된다고 한다. 복잡한 지하철·버스에서 한 달만 반복하면 주위에 방해받지 않고 책을 읽고 쓰는 것이 누구나 가능해질 수 있다.

2. 가끔 3인칭 관찰자가 돼라 : 대부분 사람은 일상의 90%를 무의식적인 행동에 지배당한다. 이때 자동반응을 끄고 3인칭 시점에서 자신을 바라보면 인생의 주인공이 될 수 있다.

3. 다양한 스토리를 갖춰라 : 이야깃거리가 많아야 주변에 사람을 모을 수 있다. 성공이든 실패든 많은 경험을 쌓아야 직장에서는 물론 면접 때에도 관심을 끌 수 있다.

4. 깊이 있는 정보를 구하라 : 인터넷에서 얻는 지식은 단편적일 수밖에 없다. 책을 통해 다양한 사고를 접해야 좋은 아이디어도 떠오르게 된다.

회의 잘하는 법

말은 명확하고 간결하게

주제 미리 파악 · 감정 자제
적극적 의사표시 기회 활용

"쓸데없는 회의를 왜 이렇게 많이 할까."

직장인이라면 한 번쯤 이런 생각을 하게 마련이다. 기존 업무를 처리하느라 바빠 죽겠는데 하루가 멀다 하고 열리는 회의 때문에 골치가 아프기도 하다. 그러나 직장생활에서 회의는 어떤 업무보다 중요하고 필요하다. 잘만 활용하면 자신의 가치를 상사에게 각인시킬 수 있는 자리이기도 하다. 취업사이트 사람인의 김홍식 본부장의 도움을 받아 '회의의 달인'이 될 수 있는 노하우를 알아본다.

◆ **주제를 명확히 파악하라** : 회의는 단순히 친목을 도모하기 위해 모이는 것이 아니다. 이야기할 주제가 무엇인지 파악하고 해결 방안까지 미리 생각한 후 회의에 참석하는 것은 필수다. 주제와 관

련 없는 의견으로 회의시간을 늘어지게 하는 오류를 범해서는 안 된다.

◆ **명확한 표현을 사용하라** : 모호한 표현은 회의에서 결론을 내는 데 전혀 도움이 되지 못한다. 일본 IBM에서는 '아마도' '거의' '대개' '대체로' 등의 표현을 회의에서 사용하는 것을 금하고 있다. 불확실한 용어는 정확한 결론을 내지 못하고 불필요한 오해만 생길 수 있기 때문. '현재 90% 진행됐고 1주일 후에 완료된다' 등 구체적으로 표현해야 생산적인 회의를 만들 수 있다.

◆ **최대한 간결하게 하라** : 제한된 시간 안에 많은 사람이 토론에 참여하려면 한 사람이 많은 시간을 소모해서는 안 된다. 이미 많은 사람이 알고 있는 내용을 반복하는 등의 시간 낭비를 최대한 줄여야 한다. 이를 위해 SK텔레콤은 짧은 회의는 29분, 긴 회의는 49분을 넘기지 말라는 '2949 회의문화'를, LG전자는 1시간 전 회의주제를 공유하고 회의시간은 1시간을 넘기지 말고 회의 결과는 1시간 내 공유한다는 '111 회의문화'를 실시하고 있다.

◆ **감정표현은 자제하라** : 회의는 찬성, 반대로 편을 가르는 것이 아니라 각각의 의견을 조합해 나가는 과정이다. 자신의 생각과 일치하지 않는다고 하더라도 "절대 아니다" 등의 감정 표현을 해서는 안 된다. 최대한 객관적인 태도로 회의에 참석하고 상대방을 인정

하고 존중하는 태도를 끝까지 유지해야 한다. 발언할 때도 감정을 최대한 자제해야 상대방에게 객관적으로 보일 수 있다는 점을 명심해야 한다.

◆ **침묵은 근무태만이다** : 회의가 끝날 때까지 말 한마디 하지 않는 직원은 상사에게 근무태만으로 찍힐 수 있다. 회의에 집중하지 않고 시계만 바라보는 태도 또한 좋은 평가를 받기 어렵다. 정 할 말이 없다면 다른 동료의 의견에 대한 자신의 견해라도 말하는 것이 좋다.

무엇을 하며
살아야 하는지
모르는 당신, 떠나라

"열심히 일한 당신 떠나라."

한 때 직장인들의 마음을 흔들어놓았던 CF 문구다. 탁 트인 도로를 오픈카를 타고 달리는 장면은 보는 것만으로도 가슴을 설레게 했다. 그동안 쌓인 스트레스도 풀고 삶의 여유도 찾기 위해 당장 모든 것을 제쳐놓고 떠나고 싶은 욕망이 생길 정도로.

이 CF 덕분인지 몇 년 전부터 여름휴가철은 물론 빨간 날만 있으면 국내든 국외든 여행을 떠나는 직장인들이 많다. 주 5일제가 정착되면서 여행 다닐 수 있는 여건도 좋아진데다 인터넷만 뒤져도 갖가지 여행정보가 쏟아져 나온 덕분이기도 하다. 게다가 일본·동남아·북미는 물론이고 얼마 전만 해도 한국인이 거의 찾지 않았던 아프리카, 남미 등을 위한 여행상품도 수두룩하다. 이젠 여행을 가기 위해 일한다는 직장인도 있을 정도다.

그런데 여행(travel)의 어원을 알고 있는가. 여유, 휴식, 낭만 등을 떠올리는 사람이 많겠지만 놀랍게도 '노동·수고'(travail)라는 뜻의 프랑스어에서 비롯됐다고 한다.

대중교통이 발달하기 전만해도 여행은 일부 사람들만이 누릴 수 있는 특별한 일이었다. 엄청난 비용과 시간을 여행에 마음 놓고 쓸 수 있는 사람이 드물었기 때문이었다. 따라서 귀족 등이 아니면 자신의 존재를 걸 정도로 뚜렷한 목적을 가진 구도자들만이 여행에 나서곤 했다. 인도를 비롯한 서역을 둘러본 기록을 남긴 '왕오천축국전'의 신라 승려 혜초를 비롯해 '대당서역기'의 현장 법사나 '동방견문록'의 마르코 폴로 등이 바로 그들이다.

이 때문일까. 여행의 어원을 더 거슬러 올라가면 로마시대 사용했던 무시무시한 고문기구 '트리팔리움(Tripalium)'이란 라틴어가 있다. 사람을 땡볕 아래 꼼짝 못하도록 묶어두기 위해 땅에 박은 세 개의 막대기를 뜻한다. '집 떠나면 개고생'이라는 우리 옛말과도 통하는 듯하다.

그런데도 사람들은 여행을 떠난다. 집에 돌아오면 '역시 집이 최고야'를 연발하면서도. 여행은 그만큼 매력 덩어리다. 누구도 여행의 마력을 이길 수는 없다. 왜 그럴까.

여행은 반복되는 일상에서 벗어나 특별한 경험을 안겨준다. 낯선 곳, 낯선 사람들 사이에서 '새로운 나'를 만나게도 해준다. 그래서 흔히 여행을 자아성찰의 과정에 비유하기도 한다.

한동안 "나는 누구인가? 무엇을 하며 살아야 하나?"라는 다소 철학적인 고민에 빠진 적이 있었다. 뒤늦은 사춘기가 온 것처럼 일도 손에 잡히지 않고 의욕도 생기지 않는 날이 며칠째 지속됐다. 친구도 술도 모두 소용없었다. 그러던 중 잠시 머리를 식히기 위해 찾은 극장에서 만난 영화 한 편이 고민 해결의 실마리를 던져줬다.

'완전한 인간'으로 추앙받는 사회주의 혁명가 체 게바라의 젊은 시절을 담았다는 '모터사이클 다이어리'. 선댄스 영화제, 뮌헨 국제 영화제, 멜베른 국제 영화제, 부산국제영화제 등 세계 유수 영화제에 초청받을 정도로 뛰어난 예술성을 지녔다는 평가를 받았던 작품이다. 예술영화라는 설명만큼 시작은 잔잔하다.

앞날이 창창한 의대생인 푸세(게바라의 어린 시절 애칭)는 생화학도인 친구 알베르토와 함께 라틴 아메리카 대륙 횡단이라는 거창한 여행 계획을 세운다. 안데스 산맥을 가로질러 칠레 해안을 따라 사막을 건넌 후, 아마존까지 무려 8,000km를 직접 돌아보겠다는 게 그들의 계획이다. 8개월이나 걸리는 대장정이다. 어릴 적부터 천식을 앓고 있는 푸세였지만 자신이 발 디디고 살고 있는 땅을 직접 눈으로 확인하겠다는 의지는 거리가 주는 위압감보다 높았다.

덜컹거리며 제 속도를 내지 못하는 모터사이클 '포데로사'를 타고 시작한 그들의 여행은 의지만큼 간단하지 않았다. 하나밖에 없는 텐트가 태풍에 날아가고, 칠레에서는 정비사의 아내에게 치근댔다는 오해를 받아 쫓겨나기도 한다. 설상가상으로 유일한 이동 수단인 모터사이클마저 소떼와 부딪혀 완전히 망가지면서 여행은 점점 고난 속으로 빠져든다.

푸세와 알베르토는 이제 모터사이클 대신 걸어서 여행을 계속한다. 점점 퇴색 되어가는 페루의 잉카유적을 거쳐 정치적 이념 때문에 일자리를 잃은 사람들이 몰리는 추끼까마따 광산에 이르기까지 지금껏 자신들이 알고 있던 현실과는 전혀 다른 세상을 목격한다.

특히 대장정의 마지막인 페루의 산빠블로의 나병 환자촌에서 불평등과 분열이 만연해 있는 현실을 깨닫고 푸세는 결국 분노한다. 천식환자임에도 불구하고 나병환자촌과 일반인을 갈라놓는 강을 수영해서 건너며 푸세는 진짜 자신의 모습과 진정으로 자신이 해야 하는 일을 깨닫는다.

때로는 여행을 시작하는 청년의 들뜬 마음을, 때로는 고된 여행길에서 만나는 사람들로부터 느껴지는 연민과 애정에 빠져들다 보니 2시간이라는 짧지 않은 시간이 훌쩍 지나갔다. 마지막 장면이 한참 흘러갔지만 자리에서 한동안 일어나지 못할 정도였다. "난 더 이상 내가 아니다. 과거와 같은 난 없다"는 푸세의 대사는 극장 밖을 나와서도 가슴속에서 메아리쳤다.

이어 "나도 푸세처럼 여행할 수는 없을까"란 생각에 사로잡혀 며칠 밤을 지새웠다. 물론 아직까지 계획만 있을 뿐 실천하진 못했다.

무엇을 하며 살아야 하는지 안다는 것은 정말 중요한 일이다. 많은 사람들이 그것을 알기 위해 젊은 나이에 여러 가지 경험을 한다. 책을 읽고 공부를 하고 선배, 어른들과 이야기도 나눈다. 하지만 젊은 시절 어떠한 경험보다 많은 것을 얻게 하는 것은 바로 여행이다. 낯선 곳, 낯선 땅에서 만나는 낯선 사람들은 하나의 영혼을 근본적으로 변화시키는 강력한 힘을 지니고 있다. 정신없이 내닫다 보니 미처 깨닫지 못한 진정한 꿈과 행복을 향해 삶의 좌표를 다시 설정할 수도 있다.

이젠 "무엇을 하며 살아야 하는지 모르는 당신 떠나라"고 외치며 진짜 여행을 떠나야겠다.

'방랑병'도
특화시키니 전문가

(메트로신문 2010년 4월 20일자)

"여섯 살 즈음의 일로 기억합니다. 어느 날 오후 동네를 한 바퀴 돌아보고 싶은 생각이 갑자기 들어 무작정 걷기 시작했는데 순간 길을 잃고 말았죠. 울면서 거리를 온통 헤매고 다니다 간신히 집을 찾은 것은 저녁 시간을 한참 지나 어둑해진 뒤였습니다. 부모님께 많이 혼날 것이라 걱정했는데 아버지는 오히려 어깨를 두드려주시며 '우리 딸 공부 많이 하고 왔어'라고 하시더군요. 아마 이때부터 안 가봤던 길만 골라서 가는 '방랑병'이 생긴 것 같아요."

SK커뮤니케이션즈 싸이월드블로그 팀 채지형(39) 차장은 어린 시절부터 미지의 세상을 탐험하는 꿈을 꿨다고 한다. 주말이면 온 가족을 데리고 전국을 누빈 아버지의 영향으로 여행은 삶의 일부처럼 여겨질 정도. 대학교 때 45일간 유럽 배낭여행을 다녀온 기록을 담은 '유럽

일기'를 출간한 후 여행 관련 공부를 제대로 하고 싶어 한양대 국제관광대학원에도 진학했다.

"여행의 참맛을 알게 된 것은 IT 전문매체에서 직장생활을 시작하면서부터인 것 같습니다. 1년에 4~5번 해외 출장을 갈 때마다 따로 일정을 잡아 현지를 돌아다니곤 했죠. 직장 생활 10년 차가 되던 2005년에는 스스로에게 안식년을 준다는 의미에서 세계여행도 떠났습니다."

채 차장은 360일 동안 5개 대륙 30여 개 국가를 누볐던 경험을 '지구별 워커홀릭'이라는 책에 고스란히 담아냈다. 직접 찍은 생생한 사진과 감각적인 여행기는 각종 언론을 타고 채 차장을 여행전문작가로 탈바꿈시켜줬다. 이후 여행전문작가협회 회원으로도 활동하며 현재까지 펴낸 책이 10여 권이 넘는다.

"세계여행을 떠나기 전에는 '혹시 내가 도사가 되는 게 아닌가'하는 기대를 하기도 했습니다. 그런데 나미비아 사막에서 앞에 가는 사람의 발자국을 보며 '나도 누군가의 발자국이 돼야겠다'는 생각이 문득 들더군요. 이때부터 성공해야겠다는 조급증은 물론 이유 없는 불안으로부터 자유로워지는 마음의 정화를 느꼈답니다."

여행은 보물을 찾는 숨바꼭질

채 차장은 여행을 '숨바꼭질 놀이'에 비유했다. 전혀 기대하지 않았던 곳에서 보물같이 소중한 영감을 느낄 수 있기 때문이란다. 이런 놀라운 경험을 동료들과 함께하기 위해 채 차장은 사내 강연도 하고 있다. 사내 강연에서 가장 많이 듣는 질문은 역시 '어떻게 하면 직장생활을 하면서도 여행을 할 수 있을까?'.

"시간이 많다고 돈이 풍족하다고 누구나 여행을 할 수 있는 것은 아닙니다. 가장 중요한 것은 새로운 세계에 나를 던지겠다는 의지죠. 이때 어디로 갈 것인지보다는 어떤 것을 볼 것인지에 관한 목표를 먼저 세우는 것이 중요합니다."

채 차장은 책을 쓸 때도 부모님에게 혹은 자녀에게 선물하고 싶다는 등의 이유를 만들어 도전하면 누구나 작가의 길로 들어설 수 있다고 강조했다.

"주변에 다른 사람의 책을 평가하며 '이런 책은 나도 쓰겠어'라고 폄하하는 사람이 간혹 있습니다. 그런 사람은 말만 앞설 뿐 정작 도전하는 일에는 주저하죠. 여행도 마찬가지랍니다. 부러워만 하지 말고 일단 떠나보면 두려움의 안개가 싹 걷히는 놀라운 체험을 누구나 할 수 있답니다."

'오늘은 앞으로 내가 살 날 중에 가장 젊은 날'이라고 믿으며 발걸음을 멈추지 않는 채 차장은 또 한 번의 세계 일주를 꿈꾸고 있다.

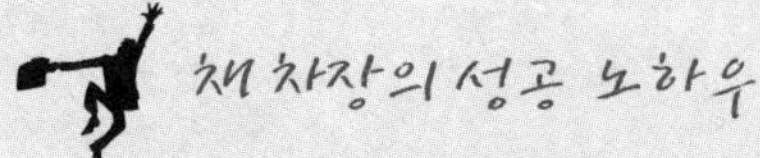

1. **꿈을 잃지 마라** : 여행이건 책이건 원하는 꿈이 있으면 관심의 끈을 절대 놓지 말아야 한다. 관련 책을 읽고 사람을 만나다 보면 기회는 생기기 마련이다.

2. **규칙적으로 써라** : 책을 쓰려고 마음먹었다면 규칙이 몸에 배게 하는 것이 바람직하다. 주말 저녁 등 정한 시간에는 무조건 책상에 앉아야 결실을 맺을 수 있다.

3. **항상 메모하라** : 업무 중에는 물론 여행 중에도 볼펜을 항상 손에 쥐고 있는 것이 좋다. 사소한 일이라도 기록해두면 나중에 소중한 책으로 재탄생할 수 있다.

4. **여행은 정보가 돈이다** : 떠나기 전 인터넷 검색은 기본. 해당 지역 관광청은 물론 블로그, 카페 등 클릭 품을 많이 팔수록 비용을 절약할 수 있다.

휴가 후유증 극복법

잘 쉬셨죠? 이젠 나사 조이세요

일찍 출근 · 자기계발 시작
운동 · 레포츠로 무기력 극복

"신 나게 놀 때는 좋았는데…."

휴가나 연휴가 끝나면 이런 고민을 호소하는 직장인이 늘어나고 있다. 어긋난 생체리듬 때문에 수면장애와 소화불량, 두통 등을 겪으며 도무지 일상에 적응하지 못하는 경우도 많다. 이를 방치하면 만성피로 · 우울증 등으로 악화할 수도 있다. 휴가는 준비만큼 마무리도 중요하다는 얘기다.

온라인 취업사이트 사람인의 이정근 대표의 도움을 받아 '직장인 휴가 후유증 극복법'을 알아본다.

◆ **30분 일찍 출근하자** : 휴가 후 3일 정도는 평소보다 조금 일찍 출근해서 업무 전 워밍업을 하는 시간을 갖는 것이 좋다. 바쁜 업무

시간에 하기 어려운 책상이나 문서 정리, 이메일 체크를 통해 들뜬 마음을 다잡을 필요가 있다.

특히 휴가 후에 제출하기로 했던 보고서나 급한 서류 등은 따로 분류해 빠른 시간 안에 처리해야 업무 공백을 훌륭히 메울 수 있다.

◆ 우선순위를 정하자 : 휴가에서 돌아와 일하려고 하면 무엇부터 해야 할지 몰라 허둥대다 시간을 낭비하는 경우가 많다. 이럴 때는 일의 우선순위를 정해놓고 하나씩 처리할 필요가 있다. 지금 당장 해야 할 일, 오늘 내에 해야 할 일, 이번 주 내에 해야 하는 일 등 업무마다 중요도에 맞춰 순위를 정해두면 시간을 절약할 수 있다. 특히 마감이 없는 일에도 자신만의 데드라인을 정해야 예전 리듬을 회복하는 데 도움된다.

◆ 운동·숙면으로 생체리듬 회복 : 휴가에서 돌아온 후에는 규칙적이고 충분한 숙면과 가벼운 운동, 음식조절로 평소의 생체리듬을 회복하는 것이 중요하다. 하루 7시간 이상 숙면을 취하고 점심시간을 이용해 낮잠을 즐기는 것도 좋다.

1시간 일한 후에는 5~10분 정도 스트레칭이나 회사 주변산책으로 스트레스를 푸는 것이 필요하다. 커피 등 카페인이 들어간 음료 대신 물을 자주 마시고, 비타민을 복용하면 휴가 후유증 회복 기간을 줄일 수 있다.

◆ **자기계발로 마음 붙잡자** : 휴가 후 느슨해진 마음은 온라인 강의, 학원 수강을 통한 자기계발로 붙잡을 수 있다. 이때 한국생산성본부 e-러닝센터나 위민넷, 휴넷 등에서 진행하는 온라인 강좌를 활용하는 것이 좋다. 또 삼성경제연구소, 한경닷컴 등에서 실시하는 다양한 무료 세미나도 도움된다.

◆ **새로운 취미에 도전** : 휴가 후 한동안 무기력증에 빠지는 경우도 많다. 이럴 때는 새로운 취미활동으로 일상에 활력을 불어넣어 주는 것이 필요하다. 독서나 바둑 같은 정적인 활동보다는 사진 동호회나 레포츠 등 적당히 몸을 사용하는 취미생활이 무기력증을 극복하는데 도움된다.

나를 찾는
여행부터 떠나자

한 학생이 소크라테스에게 물었다.

"인생이란 무엇입니까?"

소크라테스는 그 길로 제자들을 사과나무 숲으로 데리고 갔다. 그리고 다음과 같이 말했다.

"여기서 숲 끝까지 걸어가며 각자 가장 마음에 드는 사과를 하나씩만 골라 오세요. 한번 선택한 뒤에는 되돌릴 수 없으며 다시 되돌아가는 것도 안 됩니다. 선택은 단 한 번뿐입니다."

소크라테스의 말이 떨어지자마자 학생들은 사과나무 숲으로 들어갔다. 모두들 사과를 유심히 관찰하며 가장 크고 좋은 것을 고르려 노력했다.

학생들이 사과나무 숲의 끝에 도착하자 소크라테스가 미리 와서

기다리고 있었다.

그가 웃으며 학생들에게 말했다.

"모두 제일 좋은 사과를 골라왔겠죠?"

그런데 학생들은 서로의 것을 비교하며 아무 말도 하지 못했다. 그 모습을 본 소크라테스가 다시 물었다.

"자신이 고른 사과가 만족스럽지 않습니까?"

그러자 모든 학생들이 함께 소리쳤다.

"선생님, 다시 한 번만 고르게 해주세요."

그러고는 한 학생이 말했다.

"숲에 막 들어섰을 때 정말 크고 좋은 걸 봤거든요. 그런데 더 크고 좋은 걸 찾으려고 따지 않았어요. 사과나무 숲 끝까지 왔을 때야 제가 처음 본 사과가 가장 크고 좋다는 것을 알았습니다."

다른 학생이 급히 말을 이었다.

"전 정반대예요. 숲에 들어가 조금 걷다가 제일 크고 좋다고 생각되는 사과를 골랐는데요. 나중에 보니까 더 좋은 게 있었습니다. 저도 후회스러워요."

이런 모습을 보고 소크라테스가 껄껄 웃더니 단호하게 고개를 내저으며 진지한 목소리로 말했다.

"그게 바로 인생이죠. 인생은 언제나 단 한 번의 선택을 해야 합니다."

우리는 매일 수많은 선택의 갈림길에 놓인다. 아침을 먹을지 밀지,

신호등이 깜빡거리는 건널목 앞에서 뛰어야 할지 말지 등 사소한 것에 서부터 회사를 옮길지 말지, 만나는 사람과 결혼을 할지 말지 등 인생을 좌우하는 중요한 선택의 순간에 놓일 때도 있다. 매 순간 별거 아닌 것같이 선택하는 경우도 많지만 이런 선택들이 쌓여 우리의 삶과 미래가 좌우된다. 특히 소크라테스의 사과처럼 한번 선택한 것에 대한 번복은 쉽지 않기 때문에 신중하고 현명한 선택을 하지 않으면 나중에 크게 후회하게 될지도 모른다.

그래서일까. '인생은 선택의 연속'이라고 흔히 얘기한다. 프랑스의 사상가 사르트르도 '인생은 B와 D 사이에 C가 있다'고 했다. B는 태어나는 것(birth)이고, D는 죽음(death)이며, C는 선택(choice)을 뜻한다. 산다는 것이 끊임없는 선택의 과정이라는 이야기다.

그런데 문제는 선택의 순간, 자신의 의지보다는 주변 환경, 주의의 시선 등에 휘둘리는 경우가 많다는 점이다. 대학을 선택할 때도 공부하고 싶은 것보다는 취업 잘되는 학과로, 직업을 선택할 때도 되도록 안정적인 공무원이나 전문직을 선호하는 게 요즘 추세다. 물론 이해가 되지 않는 것은 아니다. 그렇지만 한가지 생각해볼 것이 있다. 현재 시점으로 볼 때 안정적인 선택이 10년, 20년 뒤에도 탁월한 선택이 되리라는 보장은 어디에도 없다는 점이다.

한때 한의대가 평균 경쟁률 20대1을 넘을 정도로 엄청난 인기를 누렸을 때가 있었다. 외환위기로 평생직장인 줄 알았던 회사에서 쫓겨난 조기 퇴직자들이 대거 한의과대학에 지원했던 2000년대 초 이야기다. 수련의 과정을 거칠 필요가 없는데다 양의사보다 여유롭다는 인식 덕분에 당시만 해도 한의사의 인기는 영원할 것 같았다. 30대 나이에 멀쩡하게 다니던 직장을 그만두고 대학수학능력시험을 다시 봐서 한의대에 간 사람이 있을 정도였다.

그런데 '격세지감'이란 말은 이럴 때 쓰라고 있는 듯하다. 한때 월 1,000만 원은 거뜬하게 벌었던 한의사들의 수입이 최근 들어 절반 이하로 뚝 떨어졌다. 일반 직장인의 월급 평균에도 못 미치는 200만 원을 못 벌어 전업을 고민 중인 한의사도 속출하고 있다. 한의사가 되면 회사에서 '잘릴' 걱정도 없고 돈을 많이 벌어 사회적 지위를 누리며 살 것이라던 기대가 불과 10년 만에 무너진 셈이다.

어디 한의사뿐일까. 변호사, 의사, 회계사 등 소위 '사자 직업' 대부분이 마찬가지다. 한마디로 자격증 하나로 평생을 보장받던 시대는 끝나고 있다.

더 중요한 것은 이 같은 직업의 흥망성쇠가 갈수록 빨라진다는 점이다. 조금만 시대를 거슬러 올라가면 1960년대만 해도 여성들 사이에선 속기 타이피스트가 최고 인기 직업이었다. PC가 등장하면서 이 직업은 사라진 지 오래다. 한때 9급 공무원보다 더 많은 월급을 받았던 버스안내양도 이미 자취를 감췄다.

비행기 항법사도 마찬가지다. 조종사와 함께 하늘을 비행하며, 기지국의 신호를 받아 비행고도와 시간 등을 계산해주던 항법사는 1980년대까지만 해도 최고의 고액 연봉 전문직이었다. 하지만 무선통신과 GPS 등의 관성항법장치가 발달하면서 이들도 한순간에 직장을 잃었다.

반면 요즘 청소년들의 최고 인기직업으로 꼽히는 배우나 아나운서, 통역관 등은 1970년대 만해도 기피직업에 꼽혔다. '만족할 만한 생활을 보장하지 못하고 발전성과 장래성이 적다'는 게 이유였다.

직업전문가들은 IT와 같은 첨단기술의 빠른 발전과 수명 연장으로 이같은 추세는 더욱 두드러질 것으로 내다보고 있다. 전신애 미국 노동부 여성국장은 한 강연회에서 "직종과 직업의 생성·소멸 속도가 빨라져 5세 어린이가 어른이 됐을 땐 전체직업의 90%가 바뀔 가능성이 높다"고 경고하기도 했다. 단순히 현재의 인기 직업에만 올인 했다가는 낭패를 볼 수도 있다는 이야기다.

그럼 어떻게 해야 할까. 소크라테스의 사과처럼 뭘 선택해도 후회스러울 텐데 점을 칠 수도 없는 노릇이고…. 혹시 이런 고민을 하고 있다면 다음 문제를 풀어보길 바란다.

고대 그리스인들이 만든 델포이 신전의 벽에는 앙상한 몰골로 죽어가는 노인의 그림과 함께 오늘날까지 유명한 글귀가 쓰여 있었다고 한다. 바로 소크라테스 철학을 대표하는 명언이다. 소크라테스는 자신보다 앞선 시대에 살았던 현인이 남긴 이 명언을 철학의 근원으로 삼아 위대한 철인의 자리에 오를 수 있었다. 이 글귀는 무엇일까.

정답은 바로 '너 자신을 알라'.

종종 '네 주제 파악이나 하라'라는 형태로 오용되기도 하지만 이 글귀는 '너 자신의 삶을 먼저 돌보고 가꾸라'라는 심오한 뜻을 담고 있다. 그런데 중요한 선택을 앞두고 신의 힘을 빌려 점을 치는 신전에 이 글귀가 있었던 까닭은 무엇일까. 아마도 미래에 대한 막연한 불안감을 없애기 위해서는 자신감 회복이 선행돼야 한다는 뜻이 아닐까. 자신의 선택에 대한 믿음이 없이는 아무리 신전의 사제가 좋은 말을 해줘도 불안하기 마련이다. 소크라테스의 사과처럼 말이다.

반면 자신을 똑바로 알고 스스로가 선택한 사과에 대해 자신감이 있는 사람이라면 굳이 신의 힘을 빌리지 않아도 된다. 미래를 주어진 대로 받아들이는 것이 아니라 스스로 개척할 수 있다. 자신이 선택한 사과가 남들 것보다 다소 모자라더라도 이를 토대로 더 큰 성공을 일궈낼 수 있다.

모든 성공의 첫걸음이 '자아를 찾는 여행'에서 시작된다는 사실은 예나 지금이나 변함없는 진리다.

그의 성공법칙은
마음먹기＋도전력

(메트로신문 2010년 10월 18일자)

연봉 1억 원을 뿌리치고 벤처회사 수습사원으로 입사했다. 팀장, 본부장 등을 거쳐 불과 2년 만에 최고경영자(CEO) 자리를 꿰찼다. 승진이 빠른 벤처업계라고는 하나 매우 드문 케이스. 그런데 이것이 끝이 아니다. 현재 3개 업체의 수장으로 벌어들이는 연봉이 4억 원을 넘는다.

온라인 마케팅 에이전시인 퍼플프렌즈의 이수형(38) 대표는 지갑에 3가지 명함을 가지고 다닌다. 서울에서는 퍼플프렌즈 대표, 부산에서는 다음커뮤니케이션 부산 · 경남센터장, 제주도에서는 제주워터월드 대표 명함을 따로 사용해야 하기 때문이다.

3개 업체를 동시에 운영하기에 하루가 멀다고 전국을 누벼야 하지만 그의 얼굴에는 피곤한 기색이 전혀 없다. 인터뷰 날도 부산에서 새벽 5시에 출발했다고 말하면서도 얼굴에는 웃음이 가득하다.

"부모님을 따라 어린 시절 이사를 많이 다녔던 경험 때문인지 돌아다니는 데는 이골이 날 지경입니다. 덕분에 새로운 곳을 개척하거나 어려운 상황이 닥쳐도 남들보다 잘 적응하는 편입니다."

어린 시절 불안정한 생활을 했던 것이 오히려 자신의 최대 장점이라고 생각한다는 이 대표는 자녀도 제주도에서 키우자고 아내를 설득 중이란다.

이 대표의 이 같은 도전정신은 대학 시절부터 유명했다. 부산대 재학 시절 학교 인근 업소를 상대로 쿠폰북을 만들어 광고를 유치했고 보험회사, 제약회사에 문을 두드려 영업도 체험했다. 졸업 후에는 증권회사 공채로 입사해 한때 연봉 1억 원을 받는 잘나가는 증권맨 생활도 경험했다.

"2,000명이 넘는 전체 직원 중에서 영업실적 2위를 기록했을 때였습니다. 당연히 칭찬을 기대했는데 지점장이 불러서 하는 말이 '가지치기

하는 사람은 튀어나오는 것을 자르려고 하고 있다'고 하더군요. 그 길로 사표를 내고 당시 눈여겨봤던 다음에 수습사원으로 지원했습니다."

1억 원에서 1,000만 원대로 연봉이 추락했지만 이 대표는 오히려 마음이 홀가분했다. 증권업은 당분간 침체기로 접어들 것이고 인터넷 업체의 앞날은 창창할 것이라 믿었기 때문이다. 특히 증권에서 익힌 영업마인드를 인터넷에 도입하면 승산이 있을 것이라 자신했다. 이 대표의 판단대로 다음은 빠르게 성장했다. 덕분에 수습으로 입사한 지 2년 만에 다음의 검색사업 자회사 대표에 올랐다. 창업멤버가 아니면서 이처럼 고속 승진한 예가 드물어 당시 업계에 큰 화제가 되기도 했다.

편하다고 느끼는 순간 변화를 줘야

이 대표는 자신의 성공 노하우에 대해 어떻게 설명할까.

"마음가짐이 가장 중요하다고 생각합니다. 사원일 때는 팀장이라면 이 일을 어떻게 처리할까를 고민했고, 팀장이 되어서는 본부장이면 어떻게 할까를 생각했습니다. 그러다 보니 어느 날 대표가 돼 있었죠. 스스로 생각할 때 가장 편하다고 느끼는 순간, 과감히 변화를 줬던 것도 빼놓을 수 없죠. 주식처럼 인생도 파도를 타기에 좋을 때 나빠질 것을 항상 대비해야 합니다."

안정적인 직장만 찾지 말고 다이내믹한 회사에 입사해 최고의 직장으로 만들어보겠다는 진취적인 생각을 하는 젊은이들이 더욱 늘어나길 바란다는 이 대표의 눈빛은 또 다른 도전으로 반짝이고 있었다.

1. **상사의 마음을 읽어라** : 업무능력은 뛰어나도 상사의 마음을 읽는 사람은 드물다. 모든 일을 처리할 때 상사의 입장에서 생각해보는 습관도 하나의 경쟁력이 될 수 있다.

2. **과감히 도전하라** : 안정적인 것만 찾다가는 영원히 발전할 수 없다. 어린 시절부터 새로운 것에 적극적으로 도전하는 습관을 들여야 성공에 한 걸음 다가갈 수 있다.

3. **나쁠 때를 대비하라** : 인생의 굴곡은 마치 주가 그래프와도 같다. 올라갈 때 한 번에 쭉 올라가지 않고 내려갈 때도 마찬가지다. 항상 트렌드의 변화를 읽고 대비해야 하는 이유다.

4. **자신의 선택을 믿어라** : 모든 선택이 완벽할 수는 없다. 다만 자신이 선택한 것에 대해 믿음을 가지고 꾸준히 추진한다면 어떤 선택을 하든 훌륭한 결과를 성취할 수 있다.

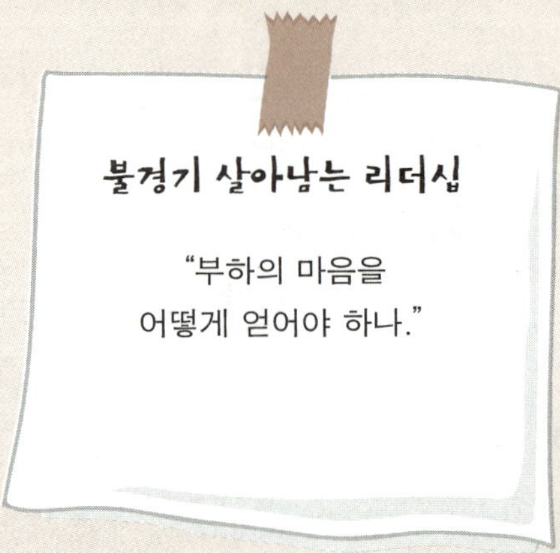

최근 부하직원이 상사의 점수를 매기는 '상향평가'를 도입하는 기업이 늘어나면서 이런 걱정을 하는 리더가 늘어나고 있다. 부하직원과의 관계가 틀어지면 성과가 나빠지는 것은 물론 극심한 불경기 퇴출 대상에도 오를 수 있기 때문. 전문가들은 부하들의 마음을 열고 진실한 관계를 맺기 위해서는 리더의 마음가짐이 먼저 변해야 한다고 충고한다. 권위를 접고 아랫사람에게 아부까지 할 수 있는 열린 리더십만이 힘든 시기를 헤쳐나갈 수 있다는 설명이다.

최근 직장인 사이에서 필독서로 떠오른 '하이터치 리더'(토네이도·김성회)를 통해 차세대 리더가 갖춰야 할 덕목을 살펴본다.

◆ **호칭부터 신경 써라** : 조직에서 인정받고 싶다면 호칭부터 제대로

불러야 한다. 상대방이 듣고 싶어하는 대로 불러주는 배려가 중요하다. '어이' '야' '너' 같은 비하성 호칭을 삼가고 정확하면서도 정감 있는 호칭을 사용하면 상대방의 마음도 움직일 수 있다.

◆ **무한한 지지를 보내라** : 좋은 관리자를 넘어 위대한 관리자가 되기 위해서는 아랫사람에 대한 칭찬, 즉 '아부'는 필수다. 이때 닭살 돋는 멘트도 서슴지 말아야 한다. "역시 우리 이대리가 해낼 줄 알았어" 등 긍정적인 지지를 보내면 부하직원을 자신의 사람으로 만들 수 있다.

◆ **가족까지 내 편으로 만들어라** : 성과가 좋은 회사의 리더들이 자주 사용하는 방법 중에 '변방 때리기'란 것이 있다. 부하 직원의 가족을 자신의 편으로 만들어 무한한 신뢰를 얻는 방법이다.
예를 들어 부하 직원의 생일 등에 선물과 감사의 편지를 집으로 보내면 해당 직원이 더욱 열정적으로 일하는 모습을 볼 수 있게 된다.

◆ **아수라 백작이 되라** : 훌륭한 리더가 되기 위해서는 겉과 속이 다른 아수라 백작 같은 모습도 필요하다. 전체에게는 차갑지만 개인에게는 따뜻해야 한다는 이야기다. 만일 반대로 전체에게는 따뜻하지만 개인에게 차갑다면 전 직원에게 좋은 평가를 받을 수 없다.

◆ 칭찬은 부하에게 : 잘된 일에는 서로 자기가 했다고 달려들지만 잘 안된 일에는 모두 남 탓이라며 미루기 쉽다. 하지만 조직에서 오래 살아남는 리더가 되기 위해서는 땀은 자신이 흘리고 칭찬은 부하에게 돌리는 아량이 필요하다.

혹시 '남 좋은 일만 시키는 것'이라고 걱정할 필요도 없다. 이런 사실은 어떻게든 소문나게 마련이고 그럴수록 회사 내에서 평판과 신뢰는 올라가게 된다.

기회는 요란하게 오지 않는다

어느 마을에 큰 홍수가 나자 구조대원이 지붕에 있는 할아버지를 구해주려고 다가갔습니다. 하지만 할아버지는 하느님이 자신을 구원해줄 거라며 구조를 거부했답니다. 이번엔 헬기가 다가갔지만 할아버지는 하느님의 구원을 기다릴 거라며 또 거부했죠. 그러다 할아버지는 물에 빠져 숨을 거두었습니다. 하늘나라에서 할아버지는 하느님께 왜 그토록 구원을 요청했는데 자신을 구원하지 않았느냐고 항의했답니다. 그러자 하느님은 "내가 보트랑 헬기를 보냈는데 네가 거부했잖아!"

이런 유머 같은 일이 현실에도 있을까요. 몇 년 전 외신을 타고 전해진 놀라운 소식을 한번 다시 음미해볼까 합니다. 미국의 인기 토크쇼 사회자인 오프라 윈프리는 자신의 방송에서 새 차가 필요한 사람은 그 이유를 편지로 보내라고 시청자들에게 요청했답니다. 대부분의 사람은 이를 무시했지만 자신의 사연을 정성스럽게 적어 보낸 276명은 방청객으로 초청되는 행운을 누렸죠. 그런데 행운은 이것이 끝이 아니었습니다. 놀랍게도 오프라 윈프리가 방청객 전원에게 시가 3,300만원에 달하는 자동차를 한 대씩 선물했답니다. 주어진 기회에 성실히 응답했더니 뜻하지 않은 행운을 거머쥘 수 있었던 거죠.

최근 경기침체가 지속되면서 "왜 나에게는 구원의 손길이나 행운이 오지 않을까"하고 한탄을 하는 사람이 늘어가고 있습니다. 그런데 이런 불평을 하는 사람 중 주어진 기회를 제대로 활용하는 사람은 얼마나 될까요. 혹시 더 큰 행운이 기다리고 있을지 모른다는 착각에 좋은 기회가 주어진 것조차 눈치채지 못하는 사람도 많을 듯합니다. 유머 속 할아버지처럼 말이죠.

아무리 작은 기회라도 성실히 임할 때보다 큰 행운도 발견할 수 있다는 인생의 진리를 다시 한 번 되새겨 봐야 하겠습니다.